Mühldorf
München
Starnberg
Inn
Chiemsee
Salzach
Gmunden
26
Salzkammergut
Salzburg
Rosenheim
Bad Reichenhall
42
37
Gesäuseberge
2
Bad Tölz
7
Chiemgauer Alpen
6
Berchtesgaden
Tegernsee
Niederaudorf
8
Bayrischzell
Kaisergebirge
43
31
21
5
Königssee
22
Kufstein
Loferer und Leoganger Steinberge
41
Rofangebirge
Kitzbühel
Garmisch-Partenkirchen
Achensee
9
Ö S T E R R E I C H
38
11
Karwendel
Zell a.See
Niedere Tauern
10
32
23
Kitzbüheler Alpen
Bruck
Innsbruck
Ried
Wald
Mittersill
Tauerntunnel
Gerlospass
Zell a.Ziller
Badgastein
Katschbergtunnel
Hohe Tauern
3
Ankogel- und Goldberggruppe
30
Mayrhofen
Großvenediger 3674
Großglockner 3797
Großglockner-Hochalpenstraße
Krems
Heiligenblut
Matrei
Obervellach
Nockalm
4
Zillertaler Alpen
16
45
Huben
Millstatt
46
Defereggental
Bad Kleinkirchheim
Brenner
Stallersattel
Lienz
Timmelsjoch
Antholz
Oberdrauburg
Sterzing
Bruneck
Klagenfurt
Toblach
Villach
St.Leonhard
Olang-Valdaora
40
36
Brixen
Drei Zinnen 2998
Plöckenpass
1
Karnische Alpen
Karawanken
Meran
Klausen
Loiblpass
Sarntheim
St.Ulrich
Corvara
Cortina d'Ampezzo
Tolmezzo
Bozen
Canazei
Selva di Cadore
Fondo
Marmolada 3342
Vigo
Kaltern
Dolomiten
S.Martino
SLOWENIEN
Fiera di Primiero
Belluno
Udine
Trento
I T A L I E N
Rovereto
Trieste
Treviso
Adriatisches Meer
Vicenza
Verona
Padova
Venezia
0
50 km

Das große Alpen-Wanderbuch

Heinrich Bauregger

Das große Alpen-Wanderbuch

Almen · Hütten · Gipfel
Klettersteige · Höhenwege

Südwest

Direkt über der Passauer Hütte, der einzigen Bergsteigerunterkunft in den Leoganger Steinbergen, erhebt sich das Mitterhorn. Dieser höchste Gipfel der östlichen Leoganger ist allerdings Kletterern vorbehalten. Doch allein der Besuch der Hütte ist ein Erlebnis.

Vorwort

Die Alpen gehören in ihrem Formenreichtum, ihrer Geologie, ihrer Artenvielfalt und ihren kulturellen Ausformungen zu den schönsten Gebirgslandschaften der ganzen Welt. Eine jahrhundertelange intensive, aber schonende Nutzung ihrer natürlichen Ressourcen – sei es durch Holzabbau, Almwirtschaft oder Bergbauernkultur – hat nicht unwesentlich dazu beigetragen. Dem Erlebnisreichtum sind keine Grenzen gesetzt.

Idee dieses Buches ist, dem Normalwanderer und Bergsteiger eine ausgewogene Mischung an Tourenmöglichkeiten anzubieten, die ihn alle Facetten des alpinen Raumes kennen lernen und unter einem neuen Blickwinkel sehen lassen.

Neben den klassischen **Gipfelzielen** mit ihren zahlreichen Routenvarianten werden auch weniger bekannte, aber nicht weniger attraktive Möglichkeiten vorgestellt.

Eine voralpine Abstufung zu den hohen Zielen sind die **Almwanderungen**. Neben dem aktiven Moment und dem Aspekt der gemütlichen Einkehr vermitteln wir hier auch einige Informationen zum Werden dieser Wirtschaftsform.

Ausgesetzt und spannungsgeladen, so präsentieren sich die **Klettersteige**. Sie sind nicht Ersatz für das richtige Klettern, sondern eine eigenständige Form des alpinen Erlebens. Ihre Beliebtheit spricht für sich. Neben einigen rassigen Eisenwegen wie dem Arlberger und dem Schlicker Klettersteig wird auch ein einfacher Weg vorgestellt, der als Einstieg dienen kann.

Die bereits in der Frühzeit der alpinen Erschließung angelegten **Höhenwege**, welche die zahlreichen Hütten miteinander verbinden sollten, bewegen sich in ihrem Anspruch zwischen Panoramawegen und durchaus anspruchsvollen Hochtouren wie dem Sentiero Roma.

Ins Herz der Alpen führen die **Klammwanderungen**. Wasser hat die Alpen geformt, Wasser wurde aber auch in den Dienst des Wirtschaftens gestellt. Ergebnis sind faszinierende Wanderungen auf angelegten Steigen zu tosenden Wasserfällen, Gumpen und Kaskaden, die das Herz höher schlagen lassen.

Hüttenwanderungen sind das Salz in der Suppe der Bergwanderer. Hütten stehen für Schutz in den Alpen, bieten Möglichkeiten zur Erholung und Kontakt zu Gleichgesinnten.

Ein besonderes Anliegen war es, neben den allgemein üblichen Grunddaten zu den Tourenbeschreibungen, die sich bei den einfachen Wegen nicht in unnötigen Details erschöpfen sollten, auch Informationen zu Landschaft, Geologie und Entstehungsgeschichte von Hütten und Wegen zu geben. Viele der hier vorgestellten Touren enthalten einen speziellen Tip, der sich auf das Bergerleben, aber auch auf Besonderheiten in der Landschaft, auf Feste, Brauchtum sowie reizvolle themenbezogene Museen bezieht, die den Bergtag zu einer runden Sache machen werden.

Für den, der sicher gehen will, dass ihm bei der Bergtour auch eine Unterkunft nicht verwehrt wird, haben wir bei den jeweiligen Hütten auch die Telefonnummern aufgeführt. Ein kurzer Anruf hat schon manche Tour gerettet, denn die Bewirtschaftungszeiten der Hütten variieren je nach Wetter.

Die Tourenvorschläge enthalten ferner Hinweise über die kürzeste Anfahrtsroute; wo möglich wurden auch öffentliche Verkehrsmittel miteinbezogen. Angaben zur Dauer der Tour, gegliedert nach Wegetappen, sowie eine aufgeschlüsselte Charakterisierung der Route hinsichtlich Schwierigkeit sind den Tourenbeschreibungen jeweils vorangestellt. Ergänzt werden diese Informationen durch die aktuellen Bewirtschaftungszeiten der Hütten und Almen sowie durch einen Kartentip.

Übersichten am Ende des Buches, die ein rasches Auffinden der geeigneten Tour sowie eine Übersicht über die bewirtschafteten Almen und Hütten mit Übernachtungsmöglichkeiten bieten, runden das Angebot ab.

Bei all den vorgestellten Tourenarten wurde Wert darauf gelegt, dass mindestens eine Route auch für den Anfänger geeignet ist, der erst den Zugang zu den Bergen finden will. Auch einige Vorschläge für Liebhaber der einsamen Wege sind enthalten. Wer aber das gemeinsame Erleben sucht, wird in diesem Band ebenfalls fündig werden.

Dies Buch wäre nicht entstanden ohne die tatkräftige Mithilfe von Bergfreunden. Mein Dank gilt Peter Grimm, Horst Heller, Gerhard Hirtlreiter, Stefan König, Maria Oberndörfer, Christian Schneeweiß und Paul Werner, die mich mit Rat und Informationen sowie mit einigen interessanten Tourenvorschlägen versorgt haben.

Allen Benutzern dieses Wanderbuches wünsche ich das Erleben und die Entspannung in den Bergen, die ich selbst so oft dort gefunden habe.

Heinrich Bauregger

Wenn Sie in den Bergen übernachten wollen, rufen Sie vor der Tour bei der Hütte an. Die Hüttenwirte ändern die Bewirtschaftungszeiten je nach Wetterlage.

»Lass mich nicht leben in der Stadt – wo die Natur so viel zu bieten hat!«

Gipfelbucheintrag

Angekommen am Gipfel, atmet man erst einmal tief durch, genießt das Ende der Anspannung, lässt sich hinreißen vom Panoramablick …

Gipfel-ziele

… und dann wird der Abstieg entschieden. Viele Gipfel bieten mehr als nur eine Route. Eine Gipfel-Überschreitung oder eine Variante steigern das Tourenerlebnis.

Wer Ruhe und Aussicht am Gipfel einmal ganz für sich haben will, muss nur Zeit und Tour überlegt wählen.

Blick vom Aufstieg zum Hocheck, dem leichtesten der Watzmannstiege, auf den Göllstock.

Almwanderungen

Was wäre Wandern ohne Almen, so mancher verzichtet dafür auf den Gipfel. Sie bieten uns Kurzweil, versorgen uns mit Essen und Trinken, vermitteln Beschaulichkeit pur.

Klettersteige

Wer den Sprung zum »richtigen« Klettern nicht tun will – beim Klettersteiggehen kann er die relative Sicherheit mit einem optimalen Berggenuss verbinden: die Wärme des Felsen spüren, die Steilheit und die Ausgesetztheit der Route fühlen…

Wasser ist das Element, das die Berge formt. Immer wieder beeindruckt uns seine Wucht, das spritzige Schauspiel, das uns nur Klammen und Wasserfälle bieten können.

Höhenwege

Gemütlich von Hütte zu Hütte schlendern. Die Augen schweifen lassen, das Spiel der Wolken genießen, Pausen einlegen, wenn die Beine müde sind – Freuden, die das Bergwandern zum Erlebnis machen.

Klamm-wande-rungen

Viele Klammen sind auf gesicherten Wegen zu begehen – wie hier im Gasteiner Tal.

Hütten-wande-rungen

Hütten bieten Schutz, Einkehr und Übernachtung.

Tips für unterwegs

Wegweiser sind ein Teil der Sicherheit in den Alpen. So mancher würde verzweifeln, müsste er sich allein mit Karte und Kompass zurecht finden. Deshalb: Wegweiser nicht beschädigen oder die Richtungsangabe verändern – nicht einmal »zum Spaß« für zurück gebliebene Wegbegleiter.

Was man vor der Tour wissen sollte

Wettervorhersage

Erkundigen Sie sich nach der Wetterlage (Nachrichten, Telefonauskunft, Anruf beim Fremdenverkehrsamt vor Ort), besonders wenn mit Kaltwettereinbrüchen zu rechnen ist. Sommerlicher Neuschnee läßt rasch die Temperaturen sinken und schafft auch schnell Orientierungsprobleme.

Unterkunft

Im hinteren Teil des Buches finden Sie eine Übersicht der bei allen Tourenvorschlägen berührten Hütten und bewirtschafteten Almen mit den Öffnungszeiten.
Sollten Sie in den Übergangszeiten (im Frühjahr oder im Herbst) Unterschlupf finden wollen, empfiehlt es sich, vor der Tour bei den alpinen Auskunftsstellen oder bei den Fremdenverkehrsämtern anzufragen.

Die meisten Unterkunftshütten in den Alpen wurden von den alpinen Vereinen (z. B. Deutscher und Österreichischer Alpenverein, Schweizer Alpen-Club) erbaut und durch markierte Wege erschlossen. Die Instandhaltung der Hütten und ihre Bewirtschaftung erfolgt durch die Vereine. Die Benutzung der Hütten ist zwar nicht an eine Mitgliedschaft in einem dieser Vereine gebunden, jedoch erhalten Mitglieder einige Vergünstigungen (reduzierter Übernachtungspreis, Vorrecht auf einen Schlafplatz, Bergsteigeressen, Teewasser etc.). Die Schlafplätze dürfen häufig nur mit Schlafsack benutzt werden. Vorausbestellungen für Nicht-Mitglieder werden nicht angenommen. Zwischen den meisten alpinen Vereinen besteht Gegenrecht, d. h., die Vergünstigungen werden auch den Mitgliedern anderer Vereine eingeräumt.

Die Hütten des Deutschen und Österreichischen Alpenvereins sind in in drei Kategorien unterteilt:
Kategorie I:
Schutzhütte mit Stützpunktcharakter in einem bergsteigerisch bedeutsamen Gebiet mit einer schlichten Ausstattung und Verköstigung.
Kategorie II:
Alpenvereinshütte mit Stützpunktfunktion in einem viel besuchten Gebiet. Auch für mehrtägige Aufenthalte bzw. für Familienurlaub geeignet. Diese Hütten sind gut ausgestattet und in der Regel ganzjährig bewirtschaftet.
Kategorie III:
Alpenvereinshütte, die nicht nur zu Fuß erreichbar ist, vorwiegend als Tagesausflugsziel dient und wenig Übernachtungsmöglichkeiten aufweist.

Anfahrt

Falls das Wanderziel verkehrsgünstig liegt, überlegen Sie, ob Sie nicht durch die Benutzung von Bahn und Bus die Anreise stressfreier gestalten können (besonders in den Urlaubsmonaten). Die Anreise ohne Auto ist auch empfehlenswert bei der Begehung von Höhenwegen, wenn Start und Ziel weit auseinander liegen.

Wanderbegleiter

Falls Sie nicht zu den notorischen Alleingehern gehören, nehmen Sie Begleitung mit – das ist nicht nur unterhaltsamer, sondern dient auch der Sicherheit. Sollten Sie aber allein gehen wollen, informieren Sie eine vertraute Person über Ihre Tour, geben Sie das Ziel an und tragen Sie sich vorsorglich in das Hüttenbuch ein, falls Sie auf dem Weg eine Hütte passieren.

Ausrüstung

Auch wer im vermeintlich leichten Gelände unterwegs sein will, sollte eine Grundausstattung mit sich führen – schon ein verstauchter Fuß, plötzlich einsetzender Regen, Nebel, eine nicht beachtete Wegverzweigung können selbst in einfachem Almgelände zu erheblichen Komplikationen führen. Also: Das Wichtigste sind die Schuhe – denn so lange man noch gehen kann, gelangt man auch wieder nach Hause.
Die Industrie bietet heute ein ausgefeiltes Angebot an hochwertigen Schuhen an, die auf die individuellen Bedürfnisse zugeschnitten sind.
Im Wesentlichen lassen sich die Bergschuhe aber in zwei Kategorien einteilen:

a) Alpine Bergstiefel, die stabil und steigeisenfest, wasserabweisend und überdurchschnittlich strapazierfähig sein müssen; diese Bergstiefel sind aus Leder und anderen Top-Materialien und haben in der Regel auch die vielgerühmte Vibramsohle.
b) Trekkingschuhe, die ein geringes Gewicht haben. Sie sind auch geeignet für Gelände, das Trittsicherheit erfordert, haben den notwendigen hohen Schaft, sind wasserabweisend und vielseitig einsetzbar.
Von diesem Typus Bergschuh gibt es bereits eine Vielzahl von Modellen auf dem Markt, je nach Anspruch (Einsatz auf Klettersteigen, Geröll-und Schneefeldern oder »nur« für leichte Vorgebirgswanderungen).
Weitere notwendige Ausrüstungsgegenstände sind: strapazierfähige Hose (falls Sie im Sommer kurze Hosen bevorzugen, als Ersatz immer auch eine lange mitnehmen), Wollsocken, Anorak oder Regenhaut, Faserpelzjacke, Kopfbedeckung, Reserveunterwäsche und -socken, Hemd oder T-Shirt zum Wechseln, Sonnenschutzcreme, Verbandspäckchen, Taschenlampe, Trillerpfeife.
Für Klettersteigfreunde empfiehlt sich auf alle Fälle folgende Grundausstattung: der obligatorische Steinschlaghelm, Brust- und Sitzgurt, Reepschnüre sowie Sicherungskarabiner. Und für alle Fälle natürlich Proviant und mindestens einen Liter eines Getränks mitnehmen, denn man weiß nie, ob die Hütte nicht doch geschlossen ist.

Anforderungen

Die in diesem Band gesammelten Tourenvorschläge sind mit Bedacht zusammengestellt worden, und sie sollen unterschiedlichen Interessen dienen. Sie sind jedoch immer auf den sogenannten Normalbergsteiger zugeschnitten. Für alle Touren – bis auf wenige Ausnahmen – wird die Standardbergausrüstung empfohlen, d.h., es sind weder ein Seil noch weitere Sicherungsvorkehrungen nötig, bei Klettersteigen und beim Sentiero Roma wird die entsprechende Grundausrüstung empfohlen. Bei zahlreichen Gipfelzielen ist allerdings unbedingt Trittsicherheit und Schwindelfreiheit erforderlich. Jeder sollte sich also nach dem jeweiligen Stand seiner persönlichen Kondition und Bergerfahrung das Tourenziel aussuchen können, ohne sich dabei in den Bereich des Kletterns vorwagen zu müssen.

Gehzeiten

Die angegebenen Zeiten beziehen sich auf die reine Gehdauer, Rastpausen sind nicht eingerechnet. Als Grundregel gilt: Im Durchschnitt bewältigt man pro Stunde vier Kilometer in der Ebene, 400 Höhenmeter im Aufstieg. Die Zeiten werden, wo nötig, in Etappen aufgeschlüsselt, ansonsten in Anstiegsdauer, Abstieg und Gesamtgehzeit.

Das alpine Notsignal

Dieses international eingeführte Notsignal sollte auch jeder Wanderer im Ernstfall anwenden können: Innerhalb einer Minute wird sechsmal in regelmäßigen Abständen, mit einer Minute Unterbrechung, ein hörbares oder sichtbares Zeichen (Pfeifen/Blinken) gegeben. Der Empfänger antwortet mit dreimaliger Zeichengebung in der Minute.

Abkürzungen und Symbole

AV	= Alpenverein
BLVA	= Bayerisches Landesvermessungsamt
ÖB	= Österreichisches Bundesamt für Eich- und Vermessungswesen
P	= Parken
Std.	= Stunde(n)
→	= Richtungspfeil

Die zwei gebräuchlichsten Bergschuhmodelle sind Alpinstiefel (oben) und Trekkingschuhe (unten).

Wer die Alpen besonders intensiv erleben will, verzichtet auf die Hüttenübernachtung und kampiert im Freien. Doch Achtung: Nicht überall ist dies erwünscht. Besondere Vorsicht ist im Oktober, zur Zeit der Hirschbrunft, angeraten: nicht wegen der Hirsche, wegen der Jäger!

GIPFELZIELE

Weite Horizonte, Spiel der Nebel, Glücksmomente – am Ziel aller Wünsche.

Bevor es an den Aufstieg geht, gönnt man sich am besten noch eine Erfrischung mit klarem Gebirgswasser (oben).
Von der Trisselwand bietet sich ein herrlicher Blick übers Salzkammergut (links).

Wenn nurmehr der Himmel die Schranke setzt, ist das Glück des Bergwanderers vollkommen. Im Angebot der unbegrenzten Möglichkeiten sind Vorgebirgsgipfel ebenso vertreten wie kühler, nackter Fels in den Hochregionen der Zentralalpen. Ein Spielplatz der Möglichkeiten für den Jahreslauf, der Kondition und der Erlebnisfähigkeit. Jedes Gipfelziel wird auf dem attraktivsten Wanderweg vorgestellt; dies ist in der Regel der sogenannte Normalweg. Doch es werden zahlreiche weitere Möglichkeiten aufgezeigt, für den Abstieg, für eine Rundtour oder fürs nächste Mal. Denn man wird wiederkommen wollen, um das Erlebnis zu vertiefen, um neue Horizonte zu entdecken, seine Begeisterung auf eine neue Probe zu stellen. Auch wenn der »Weg immer das Ziel« sein sollte, wirklich oben ist man erst am Gipfel.

1

TROGKOFEL

Grenzberg mit Aussicht nach Süden

HÖCHSTER PUNKT
Trogkofel (2280 m)

ANFAHRT
Über die Tauernautobahn nach Villach, weiter Richtung Arnoldstein und ins Gailtal bei Hermagor (bzw. Anfahrt über Osttirol, Lienz und über den Gailbergsattel). Wenige Kilometer hinter Hermagor zweigt die Nassfeldstraße ab, auf ihr hinauf bis zur Passhöhe. Kurz unterhalb (bei der letzten Kehre) zweigt rechts der Fahrweg zur Tressdorfer Alm ab; dort parken oder weiter bis zur Nassfeldhöhe (1530 m, dort Parkplatz und Einstieg zum Kärntner Grenzweg). Zum Nassfeldsattel auch mit öffentlichen Bussen.

ZEITDAUER
Von der Tressdorfer Alm über die Rudnigalm zum Gipfel 2¾ Std., vom Nassfeldsattel über den Kärntner Grenzweg zum Gipfel 3½ Std. (vom Wandfuß zum Gipfel 1½ Std.); Rückweg 2–3 Std.; insgesamt 4½–6½ Std. je nach Routenwahl.

ANFORDERUNGEN
Die Zustiege zum Bergfuß erfolgen auf markierten Bergsteigen. Der Gipfelanstieg ist nur für geübte Bergsteiger, aber sehr lohnend. Der gesicherte Uiberlacherweg (rot-weiß markiert) hat die Südwand »entschärft«. Um die Gipfelrunde perfekt zu machen, steigt man dann auf der Rampa Sud (rot-blau markiert), dem Klettersteig auf der italienischen Seite, hinab (oder umgekehrt) und kehrt zum Rudnigsattel zurück. Achtung bei Nebel auf der Gipfelhochfläche!

HÜTTE/EINKEHR
Rudnigalm, 1621 m (privat, im Sommer und während der Skisaison bewirtschaftet). Tressdorfer Alm, 1585 m, (privat, ganzjährig bewirtschaftet, 30 Betten). Nassfeldhaus, 1528 m (AV-Hütte auf der Nassfeldpasshöhe, Mitte Juni bis Ende September und in der Skitourensaison bewirtschaftet, 18 Betten, 100 Lager; Tel. 00 43/42 85/82 76).

KARTE
Topographische Karte Blatt 198 Weissbriach, 1:50 000 (ÖB)

Der Trogkofel besticht auf den ersten Blick durch seine kompakte Form und sein ausgeprägtes schräges Gipfeldach. Von der Kärntner wie von der italienischen Seite (dort heißt er Creta di Alp) ist er gut sichtbar. Sein fester Fels hat ihn zum beliebten Kletterberg dieser Region gemacht, und die Vielzahl der hier möglichen Routen füllt allein 24 Seiten im Kletterführer. Der Trogkofel ist aber auch dem Normalbergsteiger zugänglich, wenngleich Bergerfahrung, Trittsicherheit und Schwindelfreiheit unbedingt erforderlich sind. Zwei gesicherte Anstiege auf der Ost- wie auf der Südseite lassen sich zu einer anregenden Rundtour verbinden. Ein Tip: In den Karen rund um den Trogkofel findet man versteinerte Zeugnisse der Erdgeschichte – die Karnischen Alpen sind ein Eldorado für Fossiliensammler.

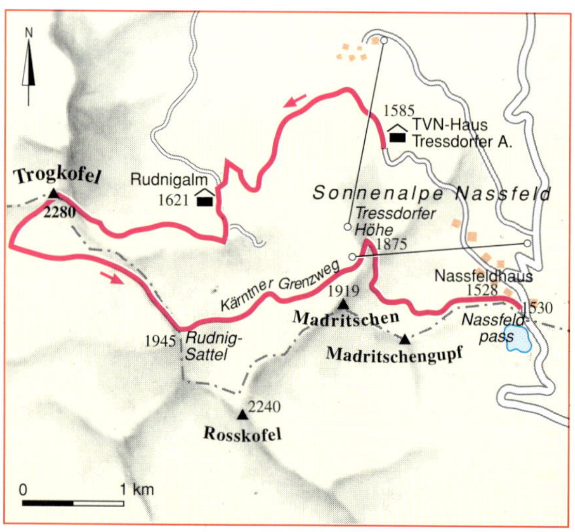

Der Nassfeldpass (1530 m), der im Sommer wie im Winter regen Zuspruch von Wanderern und Skifahrern erfährt, ist Ausgangspunkt der Tour. Unter Touristen ist er eher unter der Bezeichnung Sonnenalpe Nassfeld ein Begriff. Wer sich intensiver mit der Erdgeschichte auseinandersetzen möchte, sollte von hier einen Abstecher zum ebenfalls beliebten Gartnerkofel unternehmen, wo ein Geo-Trail mit zehn Stationen ausgeschildert ist.

Erstes Etappenziel der Wanderung zum Bergfuß des Trogkofels ist die Tressdorfer Alm (1585 m), die man vom Nassfeldsattel mit dem Auto erreicht bzw. entlang der Fahrstraße (2 km) erwandert. Jenseits der Alm gelangt man auf einem Almfahrweg (10 Min.) zu einer Wegverzweigung. Dort in westlicher Richtung weiter (nach rechts führt ein Weg hinab Richtung Tröpolach); an der links abzweigenden Straße ebenfalls vorbei bis zum Ende der Straße. Nun im Auf und Ab – aber insgesamt leicht fallend – zum Rudnigbach, wo man auf eine Almstraße trifft. Auf dieser links (Wegtafel) zur Rudnigalm (1621 m). Von der Alm aufwärts, bis rechts ein rot markierter Steig abzweigt. Auf diesem über zum Teil noch baumbestandenes Gelände hinauf an den Rand des großen, schüssel-

Der Trogkofel mit seinem markanten Gipfel beeindruckt durch seine massive Gestalt. Zwei reizvolle, aber anspruchsvolle Anstiege lassen sich ideal zu einer Rundtour verbinden.

Der Gipfelaufstieg über die »Crete rosse« beginnt auf der italienischen Seite des Bergstocks und ist durch einen Höhenweg leicht zu erreichen.

förmigen Kars auf der Ostseite. Dieses durchwandert man bis zum anderen Ende und steigt zu einem bewachsenen Felsrücken hinauf. Ihm folgt man in Kehren aufwärts, quert rechts in eine Schlucht und hält sich dann an die Eisensicherungen am Uiberlacherweg. Durch einen Kamin empor, weiter über eine Wandstufe, wo man ein Schuttfeld erreicht. Über dieses hinauf, dann links haltend zum oberen Wandaufbau, über den es zu einem Sattel und zur Gipfelhochfläche geht.
Der Abstieg über die Südrampe und die Via Ferrata Crete Rosse ist rot-blau markiert und leitet zuerst zum südöstlichen Rand der Hochfläche. Danach folgt man den Pfadspuren hinab über eine Wandstufe und ein Felsband bis zum Beginn der Steigsicherungen; über sie zum Wandfuß. Nur 40 Meter unterhalb führt der quer laufende Kärntner Grenzweg entlang, dem man nach links folgt. Auf die Troghöhe (2016 m), dann der Kammlinie folgend hinab zum Rudnigsattel (1945 m), wo sich mehrere Wege treffen. Auf der Nordseite nun weiter dem Kärntner Grenzweg (Markierung Nr. 403) folgend zur Tressdorfer Höhe (1875 m) hinüber, auf der einige Skilifte zusammentreffen. Von dort wieder rechts haltend – dem Grenzweg folgend – in östlicher Richtung hinab zum Nassfeldsattel.

VARIANTEN

Für den Anstieg zum Bergfuß gibt es mehrere Möglichkeiten. Die bequemste von ihnen ist die Auffahrt von Tröpolach im Gailtal auf rauher Straße zur Rudnigalm (1621 m). Die vorgestellte Tour wird als Rundweg behandelt, da dies den landschaftlichen Gegebenheiten am besten gerecht wird. Dabei sollte der Anstieg aus Gründen der Orientierung bzw. der Sicherheit über den Uiberlacherweg, der Abstieg über die Südrampe erfolgen.

DER LOWA-TIP!

Im kleinen Ort Möderndorf bei Hermagor befindet sich in einem alten Schloss das sehenswerte Gailtaler Heimatmuseum, das auf dem Freigelände einen original Kärntner Kösn (Unterstand für bäuerliches Gerät) zeigt. Ein Naturschauspiel sondergleichen ist die ebenfalls von Möderndorf zugängliche Garnitzenklamm mit einem Geo-Trail.

Öffnungszeiten Museum:
1.5.–31.10. von Mo–Sa
10–13 und 15–17 Uhr.
Juli, August auch So.
Tel. 00 43/42 82/30 60

2

PLANSPITZE

Wasserfallweg und Peternpfad

HÖCHSTER PUNKT
Planspitze (2114 m)

ANFAHRT
Mit dem Auto: Von Salzburg über Radstadt – Liezen das Ennstal hinunter, von Linz über Steyr das Ennstal hinauf bis Gstatterboden (478 m), auf halbem Weg zwischen Ausgangs- und Endpunkt der Wanderung. Der große Parkplatz bei der Kummerbrücke befindet sich westlich des Endpunkts, der Parkplatz für die Haindlkarhütte liegt direkt an der Straße (Hinweisschild).
Mit Bahn und Bus: Eine Hauptverkehrsstrecke der Österreichischen Bundesbahn mit Verbindungen zu diesen drei Städten führt mitten durch die Gesäuseberge. Fast alle Personenzüge halten in Gstatterboden.

ZEITDAUER
Auf dem Wasserfallweg zur Heinrich-Heß-Hütte ca. 3 Std., Aufstieg zur Planspitze ca. 2 Std., Abstieg durchs Haindlkar ca. 3 Std.; insgesamt 8 Std.

ANFORDERUNGEN
Ziemlich anspruchsvolle und lange Bergwanderung. Im Aufstieg teils steile alpine Pfade und längere künstliche Steige, auf der Hochfläche Wanderwege, im Abstieg wieder Steilpfade und leichte Kletterpassagen bis II. Für Ungeübte an der Schlüsselstelle u. U. Seilsicherung empfehlenswert (Haken vorhanden).

HÜTTE/EINKEHR
Heinrich-Heß-Hütte, 1591 m (AV-Hütte, von Ende Mai bis Ende Oktober bewirtschaftet, 45 Betten, 90 Lager; Tel. 00 43/66 3/03 98 88).

KARTE
Ennstaler Alpen/Gesäuse, Nr. 16, 1:25 000 (AV)

Der Schriftsteller Felix Braun (1885–1973) hat einmal treffend gedichtet, wie zahllose Bergsteiger aus Wien früher das Gesäuse erlebt haben mögen:

»Wir waren arm, und so fuhren wir lang
mit dem Personenzug.
Meine Mutter hatte nur Wien gesehn,
und ich war jung genug.

Und höher und höher stieg das Gewänd.
Woher soviel Wasser quoll?
Es floß vielleicht aus dem Firmament,
dunkelblau und wolkenvoll.

Das ist das Gesäuse, sprach jemand.
Meine Mutter nickte bloß.
Heftig griff sie nach meiner Hand
und ließ sie nicht mehr los.«

Das Gesäuse waren die Hausberge der Wiener, ihr Hochgebirge, denn es war auch für Leute mit wenig Geld leicht übers Wochenende erreichbar. Der Zug brachte sie aus der Stadt mitten ins Gebirge und fuhr sie von dort auch wieder zurück. Die ganze sprichwörtliche Bergvagabundengeneration verdankte dem Gesäuse und der Bahn ihre glücklichen Sonntage in den Bergen.

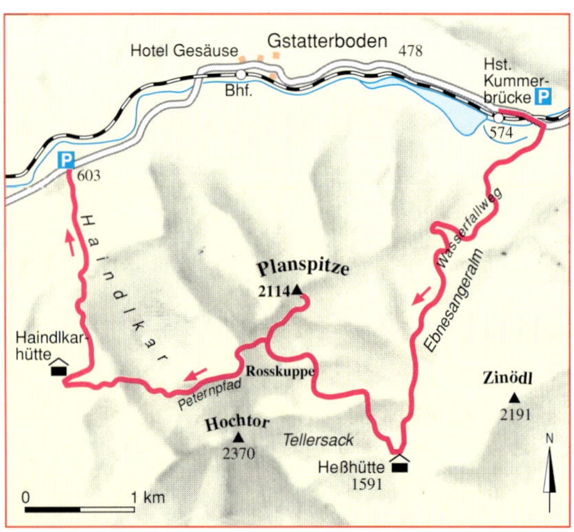

Die vorgeschlagene Runde ist eine der eindrucksvollsten Touren im Gesäuse, die auch noch dem versierten Wanderer zugänglich ist. Doch trotz ihrer Namen sind Peternpfad und Wasserfallweg alles andere als gemütliche »Wanderautobahnen«. Beide erfordern unbedingt erfahrene, trittsichere Bergwanderer, und der Ennstaler Schritt, die ausgesetzte, abgeschmierte Schlüsselstelle des Peternpfads, dürfte vielleicht sogar als das Äusserste dessen gelten, was man Wanderern guten Gewissens empfehlen kann. Wer aber einen IIer sicher beherrscht, vielleicht auch Klettersteige begeht, den erwartet auf diesen Routen ein unvergessliches Bergerlebnis. Von der Kummerbrücke aus führt der Wasserfallweg auf die Gesäusehochfläche – ein schattiger Nordanstieg mit großartiger Aussicht und dazu auf historischem Gelände. Erstbegangen wurde er 1877 von dem Wiener Metallwarenfabrikanten und Alpinpublizisten Heinrich Heß zusammen mit dem einheimischen Holzmeister Andreas Rodlauer. »Wo jetzt ein ausgetretener, mit Drahtseilen, eisernen Griffstangen und ausgemeißelten Trittstufen versehener Pfad hinführt, gab es nur luftige Fels- und Rasenbänder. Jede steilere Stufe musste über ausgesetzte Felsschrofen, vielfach knorrige

Die Planspitze – die imposante Nordwand bildet das Schaustück von Gstatterboden.

Auf dem Peternpfad unterhalb der Dachlnordwand. Der Petern-»Pfad« ist nur ein überlieferter Name, seine Begehung ist ein Anstieg mit Klettereinlage.

Baumwurzeln oder zerborstene Baumstrünke (...) als Haltpunkte benützend, vorsichtig erklommen werden ...«, erinnerte sich Heß. 1891/92 wurde der Anstieg, der bis dahin nur dreimal wiederholt worden war, durch die Alpine Gesellschaft Ennstaler mit großem Aufwand zu einem bequemen Steig ausgebaut.

Nach fast dreistündigem Anstieg erreicht man bei der Ebersangeralm die Gesäusehochfläche. Bald zweigt rechts auch ein Pfad zur Planspitze ab, aber der Weg über die Heinrich-Heß-Hütte ist empfehlenswerter – schon wegen des Panoramas von Ödstein und dem so treffend Tellersack genannten Kar hinter der Hütte.

Von der Hütte wandert man sanft ansteigend, das Ross- und das Seekar durchquerend, zur Peternscharte hinauf. Mit einem Schlag öffnet sich oben der Blick nach Westen. Wir sehen die berühmten Gesäusenordwände gleich gegenüber, schauen ins Haindlkar mit seiner legendären Hütte hinab, sehen die kleinen roten Züge am Ennsufer entlangfahren und lassen den Blick weit über die Admonter Ebene bis zum Dachstein schweifen. Bis zum Gipfel dauert es nur noch 15 Minuten.

In die Peternscharte zurückgekehrt, liegt der Höhepunkt der Tour vor einem: der Abstieg über den Peternpfad ins Haindlkar. Schon um die Mitte des vorigen Jahrhunderts hatte der Schwarze Peter, ein tollkühner, berüchtigter Wildschütz, diesen ersten Durchstieg der Gesäusenordwände gefunden, seine Entdeckung jedoch niemandem verraten. Wieder waren es Heß und Rodlauer, die den Anstieg nach fast einem Vierteljahrhundert, am 11. Juni 1877, wieder entdeckten. Die Schlüsselstelle lag weit oben, es war eine Querung, »wo wir uns um einen Block herumschwangen, wobei Rodlauer mich darauf aufmerksam machte, daß wir uns jetzt das Gesäuse auch einmal zwischen den Beinen durch anschauen könnten. Diese Stelle wurde später Ennstaler Schritt genannt«, schrieb Heß.

Im Abstieg bringt man die Schlüsselstelle schon ziemlich bald hinter sich. Dann wird das Gelände leichter und geht in einen Grasrücken über. Die Mauern der Rosskuppe und des Dachls wachsen daneben in den Himmel. In einer weiten Links-Rechts-Schleife erreicht man eine Schlucht, die zum Beginn der Krummholzzone führt. Man quert durch sie ins Haindlkar und fährt auf dem Geröll bis zum Hüttenweg ab. Auf diesem Weg gelangt man in einer weiteren Stunde gemütlich zur Ennstalstraße hinab. In jüngerer Zeit haben steirische Bergführer den Peternpfad sogar mit eingemauerten Ringhaken versehen.

3

ANKOGEL

Der am frühesten erstiegene Gletscherberg der Alpen

HÖCHSTER PUNKT
Ankogel (3246 m)

ANFAHRT
Mit dem Auto: Von Norden ins Gasteiner Tal, dann Autoverladung nach Mallnitz (1191 m), dort links ins Seebachtal bis zur Talstation der Ankogelbahn (4 km von Mallnitz).
Oder:
Auf der Tauernautobahn nach Gmünd in Kärnten, rechts ins Maltatal bis zur Kölnbreinsperre (1910 m). Großer Parkplatz.
Mit Bahn/Bus: Salzburg–Spittal/Villach bis Mallnitz, von dort Bus ins Seebachtal bis zur Talstation der Ankogelbahn.

ZEITDAUER
Bergstation der Ankogelbahn–Hannoverhaus 1/4 Std., Hannoverhaus–Ankogelgipfel 3 Std., Rückkehr zur Bergstation 2 Std.; insgesamt 5–5 1/2 Std. Variante: Kölnbreinsperrre–Osnabrücker Hütte 2 Std., Osnabrücker Hütte–Ankogel 4 Std., Abstieg zum Ausgangspunkt 4 Std.; insgesamt 10 Std.

ANFORDERUNGEN
Begehung eines spaltenfreien Gletschers und von Firnfeldern, am Gipfelaufbau Felsberührung (Schwierigkeitsgrad I). Trittsicherheit, Schwindelfreiheit und Bergausrüstung (Pickel) erforderlich. Durch die große Höhe darf der Gipfel nicht unterschätzt werden. Bei Vereisung oder Neuschnee gefährlich. Für wenig erfahrene Bergsteiger ist auch der Kleine Ankogel (Vorgipfel des Großen Ankogels) ein durchaus anspruchsvolles Ziel.

HÜTTE/EINKEHR
Hannover-Haus, 2722 m (AV-Hütte, von Anfang Juli bis Ende September bewirtschaftet, 35 Betten, 35 Lager, 10 Notlager; Tel. 00 43/6 63/84 08 52). Osnabrücker Hütte, 2022 m (AV-Hütte, von Anfang Juli bis Ende September bewirtschaftet, 31 Betten, 34 Lager; Tel. 00 43/6 63/97 48 703).

KARTE
WK 191 Gasteiner Tal · Wagrain · Großarltal, 1:50 000 (Freytag & Berndt)

Der Ankogel gehört zu den beliebtesten Dreitausendern der Alpen. Die frühere Vergletscherung ist stark zurückgegangen, so dass der Normalweg auf seinen Gipfel nun nahezu gletscherfrei ist. Seine erste Besteigung erfolgte bereits im Jahr 1762 durch den Bauern Patschg aus Böckstein; damit gilt dieser Berg als der am frühesten erstiegene Gletschergipfel der Alpen.

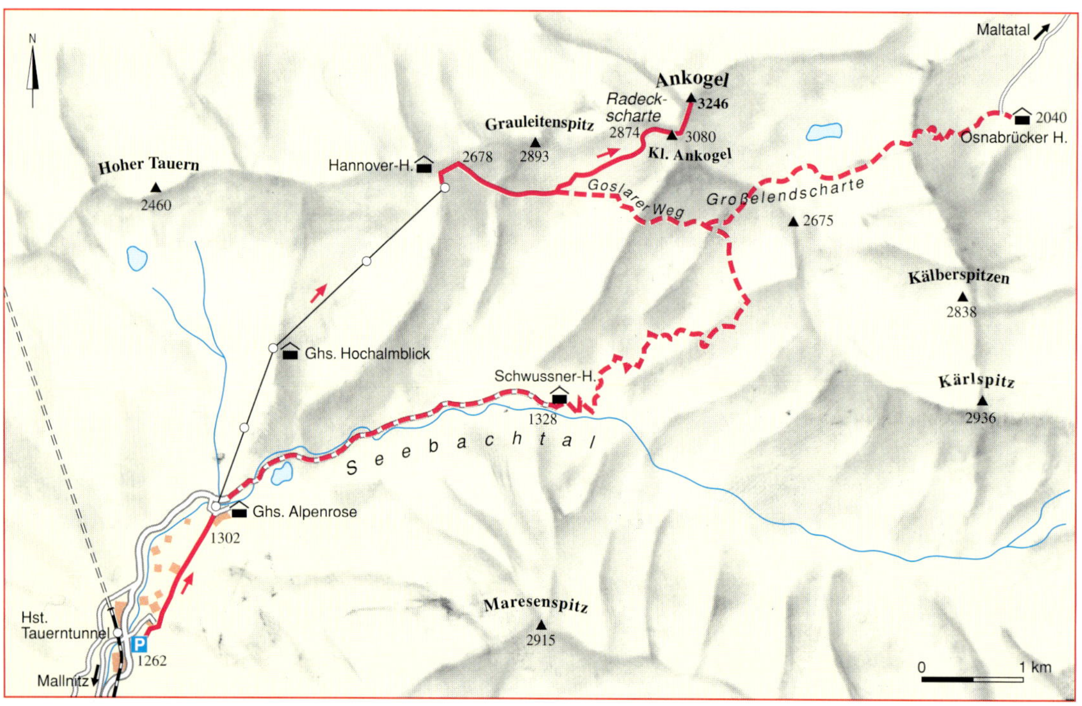

Der Ankogel weist aber noch eine Besonderheit auf: Sein Gipfel wurde im Jahr 1932 durch einen Bergsturz um 16 Meter niedriger.
Dieser Gipfel wurde schon früh von Bergsteigern begangen – sogar eine Kaiserliche Hoheit war darunter: Erzherzog Johann, der Sohn von Kaiser Leopold II., bestieg im Jahr 1826 diesen Berg.
Heute tun es ihm Unzählige gleich, denn der Bau der Ankogelbahn hat die Anstiegszeit um Stunden verkürzt. Und der landschaftlich sicherlich reizvollere Anstieg über die Osnabrücker Hütte zum Gipfel ist damit nachrangig geworden.
Von der Bergstation der Bahn steigt man zuerst unfehlbar zum

Der höchste Gipfel der gleichnamigen Gebirgsgruppe ist häufig besucht. Auch eine Überschreitung ist möglich. Vom Ankogel bietet sich eine Sicht von den Gesäusebergen bis zum Wilden Kaiser.

Wandergruppe im Seebachtal. Wer die Auffahrt mit der Ankogelbahn verschmäht, kann sich dem Gipfel auch durch dieses Tal in einem zeitaufwendigen Anstieg nähern.

Hannoverhaus hinauf und wendet sich dann auf dem Goslarer Weg Richtung Osten (man kann auch direkt von der Bergstation zu diesem Weg hinüberqueren). Der Höhenweg (Teilstück des Tauern-Höhenwegs) leitet dann – mit schönen Ausblicken – bis zur Wegteilung unterhalb des Lassacher Keeses, die man in einer dreiviertel Stunde erreicht. Nun auf dem rot markierten Steig links bergan, über das spaltenfreie Lassacher Kees bis unter die Radeckscharte (2874 m). Dort rechts und über blockiges Gelände zum Kleinen Ankogel (3097 m) hinauf. Links haltend, gelangt man in die Ankogelscharte. Von hier aus geht es weiter über eine Felsstufe in die Ostflanke des Gipfelaufbaus. Etwas unterhalb des ausgesetzten Gipfelgrats gelangt man schließlich auf den buckelartigen Gipfel.

VARIANTEN

Anstieg auf den Ankogel von der Osnabrücker Hütte (von der Kölnbreinsperre in 2 Std. auf dem für den öffentlichen Verkehr gesperrten Fahrweg erreichbar). Von der Hütte auf einem Weg den Fallbach entlang aufwärts zu einem Wasserfall; auf einem Felsensteig rechts daran vorbei und zum Fallboden hinauf. Über das Plessnitzkees zur Großelendscharte (2675 m), dann jenseits hinab und auf dem ab hier so benannten Goslarer Weg in Richtung Hannoverhaus bis zur Abzweigung nach rechts zum Kleinen Ankogel (3 Std. ab Hütte).
Für die Rückkehr vom Ankogel wird der Abstieg zur Schwussnerhütte empfohlen; eine schöne, aber durchaus anspruchsvolle Route (5 Std.) auf alter Steiganlage. Wo der Gipfelweg wieder auf den Goslarer Weg trifft, geht man auf ihm nach links und im Auf und Ab über die Gras- und Schutthänge Richtung Osten, bis von links der Steig von der Großelendscharte einmündet. Dort rechts den bergab führenden Steig nehmen und in unzähligen Kehren bis in den Talboden des Seebachtals hinab, wo man auf die Schwussner-Hütte (1328 m) trifft. Von dort führt ein Almfahrweg bis zur Talstation der Ankogelbahn.

DER LOWA-TIP!

Das »Naturdenkmal« Stappitzer See ist als Kleinod inmitten unberührter Natur ein lohnendes Ausflugsziel. Der neu geschaffene naturkundliche »Wanderweg Seebachtal« vorbei am Stappitzer See bietet die Möglichkeit, die zahlreichen botanischen Besonderheiten dieses Gebiets kennenzulernen.

Informationen:
Urlaubsinformation Mallnitz,
Tel. 00 43/47 84/5 22
oder 2 90

4 LASÖRLING

Berühmte Aussicht überm Virgental

HÖCHSTER PUNKT
Lasörling-Nordwestgipfel (3098 m)

ANFAHRT
Von Norden über Kitzbühel und Pass Thurn bzw. über Saalfelden nach Mittersill, dann durchs Ampertal und den Felbertauerntunnel nach Matrei in Osttirol. In Matrei zweigt rechts die Straße ins Virgental ab. In der Ortsmitte von Virgen (1194 m) links und über Gries zum Weiler Welzelach am Eingang des Mullitztals. Kurz vor dem Ort Parkplatz am Mullitzbach.

ZEITDAUER
Von Welzelach zur Lasörlinghütte $3^{1}/_{2}$ Std., von der Hütte zum Gipfel $2^{1}/_{2}$ Std., Abstieg ins Tal 4 Std.; insgesamt 10 Std. Variante: Abstieg von der Lasörlinghütte nach Prägraten 3 Std.

ANFORDERUNGEN
Relativ langer, aber leichter Zustieg zu Hütte und Bergfuß. Der Gipfelanstieg erfordert Trittsicherheit und Schwindelfreiheit (Schwierigkeitsgrad I). Bis vor wenigen Jahren eine viel Kondition erfordernde Bergtour. Nach dem Hüttenneubau sind nun idealerweise Übernachtungsmöglichkeiten vorhanden.

HÜTTE/EINKEHR
Lasörlinghütte, 2350 m (privat, von Mitte Mai bis Mitte Oktober bewirtschaftet, 40 Betten und 25 Lager; Ermäßigung für AV-Mitglieder; Tel. Tal: 00 43/6 64/31 26 27, Tel. Hütte: 00 43/6 63/97 58 899; bei Voranmeldung Gepäcktransport möglich).

KARTE
Topographische Karte Blatt 152 Matrei und Blatt 178 Hopfgarten, 1:50 000 (ÖB)

Der Lasörlingkamm in der Venedigergruppe ist ein Eldorado für Einsamkeitssucher und Liebhaber langer Höhenrouten. Geographisch wird er zwar noch zur Venedigergruppe gezählt, er ist aber von ihr durch den tiefen Einschnitt des Virgentals in Osttirol getrennt. Die gesamte Region zählt zum Kerngebiet des Nationalparks Hohe Tauern. Lange Zeit – bis in die Achtzigerjahre dieses Jahrhunderts – wurde der Lasörling, der höchste Gipfel dieses Kamms, kaum beachtet. Zu weit waren die Anstiege aus dem Tal, die kein günstig gelegener Stützpunkt verkürzte. Zu anspruchsvoll war auch der Gipfelanstieg – bis zum Jahr 1982, als ein Ehepaar aus Virgen eine Hütte auf dem Glauret, direkt unter dem Gipfel des Lasörling, errichten ließ.

Von Virgen, dem Hauptort des Virgentals, kann man die Lasörlinghütte bereits mit bloßem Auge erkennen. Hell schimmert das Holz der Hütte bis hinunter ins Tal. Auch diese Hütte – wie so manche andere in dieser Bergregion – ist das Ergebnis der Bestrebungen der Verantwortlichen im Virgental, das Modell eines sanften Tourismus in die Tat umzusetzen. Vom Parkplatz bei Welzelach wandert man zuerst auf einem Alm- bzw. Hüttenfahrweg oberhalb des Bachs durch das reizvolle Mullitztal hinauf. Zuerst geht es vorbei an der Stadleralm (1553 m), dann an der Raineralm (1804 m), die beide im Sommer bestoßen werden. Ab der Talstation des Hüttenversorgungslifts setzt sich der Weg dann als nicht sehr steiler Steig bis zur Lasörlinghütte (2296 m) fort. – Der Gipfelanstieg von der Hütte führt weiterhin entlang des Mullitzbachs hinauf in den weiten Kessel des Glauret (der Begriff stammt aus der Zeit des Bergbaus, der hier vor Hunderten von Jahren betrieben wurde, die Ausformung des oberen Trogtals hat aber ein früher Gletscher verursacht) bis zu dessen Ende (etwa 2500 m).

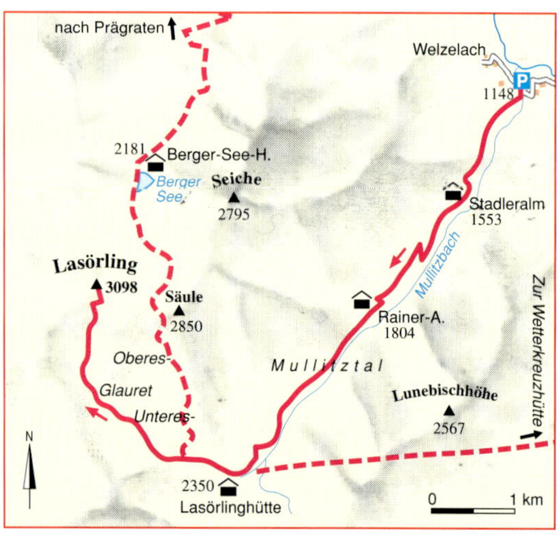

Dort leitet rechts haltend ein markierter Steig (bzw. Fußspuren) über Blockwerk und Schotter den ersten Steilhang hinauf. Weiter geht es über das sogenannte Blockkar in die Einsenkung zwischen beiden Gipfeln. Nun links über ein schrofiges Gratstück auf den Lasörling-Nordwestgipfel und damit zum höchsten Punkt.

VARIANTE

Als Abstiegsvariante (es sind ein paar Höhenmeter mehr zu bewältigen) bietet sich der Übergang zur Berger-See-Hütte (2181 m) mit einem Abstieg

Die Lasörlinghütte mit ihrer frischen, noch leuchtenden Holzverkleidung. Im Hintergrund baut sich der Lasörlinggipfel auf, der über eine anspruchsvolle, aber auch für den Normalbergsteiger »machbare« Anstiegsroute erreicht werden kann.

Die Alpenrose gedeiht gut in höheren, steinigen Lagen, wie sie in den Hohen Tauern vorherrschend sind.

nach Prägraten an. Dieser Weg ist landschaftlich sehr eindrucksvoll, nimmt aber eine Stunde Gehzeit mehr in Anspruch (3 Std. ab Lasörlinghütte).

DER LOWA-TIP!

Wer sich einige Höhenmeter ersparen will (allerdings dazu nicht weniger Zeit benötigt) und sich gleichzeitig das Virgental von oben betrachten möchte, lässt sich vom Ort Virgen aus mit dem Hüttentaxi zur Wetterkreuzhütte (2106 m) fahren. Von dort kann man auf einem schönen Höhenweg über die Zupalseehütte (2346 m) und dann über die Merschenalm zur Lasörlinghütte (2296 m) wandern.

Hüttentaxi: Taxi Tschoner, Tel. 00 43/48 74/52 27 und Taxi Bstieler, Tel. 00 43/48 74/52 44; Hin- und Rückfahrt: etwa 160 öS

5

WATZMANN

Auf den Berg der Mythen

HÖCHSTER PUNKT
Watzmann-Hocheck (2651 m)

ANFAHRT
Mit dem Auto: Auf der Salzburger Autobahn bis zur Ausfahrt Piding, dann Bundesstraße über Bad Reichenhall nach Berchtesgaden; von dort nach Königssee bis zum Ende der Straße. Parken auf dem Parkplatz (gebührenpflichtig) bei der Jennerbahn-Talstation.
Mit Bahn und Bus: Mit der Deutschen Bahn nach Berchtesgaden und per Bus nach Königssee.

ZEITDAUER
Von Königssee zum Watzmannhaus 4 Std., weiter zum Hocheck 2 Std., Abstieg vom Gipfel nach Kühroint 2 Std., nach St. Bartholomä weitere 2 Std.; insgesamt etwa 10 Std. Unbedingt auf der Kührointalm oder dem Watzmannhaus übernachten.

ANFORDERUNGEN
In den tieferen Lagen leichte Wanderwege und Forststraßen, Aufstieg aufs Hocheck auf alpinem Wanderweg, teils über Schrofen, kurze Drahtseilstelle. Rinnkendlsteig bei normalen Verhältnissen ohne besondere Schwierigkeiten. Achtung auf Steinschlag durch andere Wanderer!

HÜTTEN/EINKEHR
Kührointalm, 1420 m (privat, 16 Lager; Tel. mobil: 0 171 3/53 33 69. Watzmannhaus, 1928 m (AV-Hütte, von Anfang Juni bis Anfang Oktober bewirtschaftet, 45 Betten, 130 Lager, 25 Notlager; Tel. 0 86 52/96 42 22).

KARTE
Sonderblatt Berchtesgadener Alpen L4, 1:50 000 (BLVA)

Die Wege auf den Watzmann sind nicht gerade zahlreich. Im Grunde genommen gibt es nur einen Anstieg, der für den Wanderer in Frage kommt, nämlich der Normalweg von Norden. Lediglich im unteren Teil kann man da ein wenig variieren, indem man entweder aus der Schönau (Gasthof Hammerstiel) oder von der Wimbachbrücke aus startet.

Stets pilgert man über lange Forststraßen zum Watzmannhaus, und ab der Hütte geht es immer über den Rücken, der sich allmählich zum Grat verschärft, bis zum Hocheck hinauf. Dieser Weg dürfte für jeden normalen Wanderer problemlos sein. Aber gibt es dazu Alternativen?

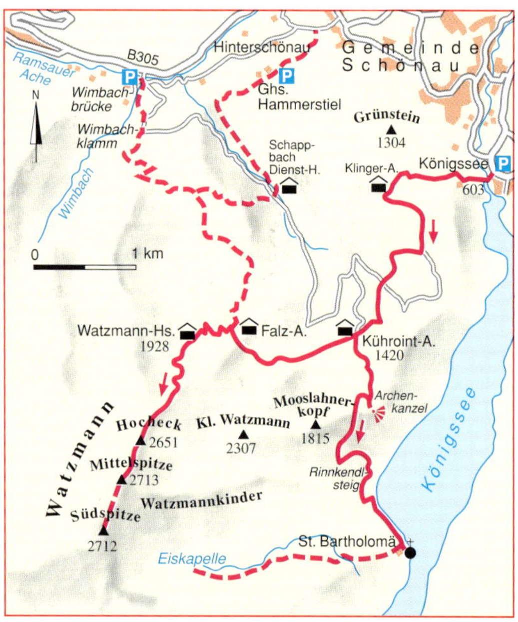

Der Weiterweg vom Hocheck Richtung Südspitze stellt zunehmende Anforderungen und setzt absolut sichere Wetterverhältnisse voraus. Dafür wartet er mit unvergleichlichen Tief- und Fernblicken in die Watzmannostwand, auf den Königssee, auf tausend andere Berchtesgadener Berge sowie auf die Hohen Tauern auf.
Von der Südspitze steigt man durch den Schönfeldgraben direkt nach Süden ins Wimbachtal ab – ein Abstieg für Bergerfahrene ohne Schwierigkeiten, aber als Aufstieg im Sommer wahrlich nicht zu empfehlen. Die West- und Ostflanken des Watzmanns kommen für Wanderer sowieso nicht in Betracht, daher muss man die Alternativen also auch auf der Nordseite suchen. Deshalb sei hier zur Abwechslung einmal angeregt, den Watzmann nicht von Hammerstiel oder von der Wimbachbrücke zu besteigen, sondern von Königssee aus und anschließend an die Bergtour noch eine Bootsfahrt anzuhängen.
Der Vorschlag ist gar nicht so weit hergeholt: Man parkt bequem auf dem Großparkplatz Königssee, spaziert im Strom der Ausflügler zum Seeufer und schert dann nach Westen aus, geht über den Abfluss der Königsseer Ache und unter dem Grünstein aufwärts bis zur Kührointalm – von der Horizontaldistanz der wohl kürzeste Weg hierher. Die Querung des Watzmannkars bringt uns dann zur Falzalm, von wo die Hütte nicht mehr weit ist. Hier kann man übernachten, wenn einem die 2000 Höhenmeter hinauf und wieder hinunter an einem Tag zuviel sind.
Im Abstieg geht man die Aufstiegsroute zurück bis zur Kührointalm, wendet sich dann aber nach Süden zum Aussichtspunkt Archenkanzel. Dort erwartet den Wanderer ein grandioser Tiefblick auf den »Fjord der Bayerischen Alpen«. Aber es kommt noch besser, denn man taucht

Das Massiv des Watzmanns von Nordwesten aus gesehen. Im Vordergrund das Tal der Ramsauer Ache. Die erste der höchsten Erhebungen des Watzmanns, von links nach rechts gesehen, ist das Hocheck, der am leichtesten zu erreichende der drei Hauptgipfel.

Der Hocheckgipfel. Hier fängt bei einer Watzmannüberschreitung erst das Abenteuer an.

direkt dort hinab, quert auf dem Rinnkendlsteig die Südosthänge des Mooslahnerkopfs und bewegt sich in Richtung St. Bartholomä. Der Steig bereitet im Sommer keine technischen Schwierigkeiten, sollte aber wegen seiner Ausgesetztheit nur von berggewohnten Wanderern begangen werden. In St. Bartholomä angelangt, kann man sich im Gasthaus eine gebackene Forelle servieren lassen und das Bergwochenende mit einem Abstecher zur Eiskapelle ausklingen lassen.

Blick von der Achenkanzel am Beginn des Rinnkendlsteigs. Tief unten blinkt der Königssee. Rechts ist die unverkennbare Wallfahrtskirche von St. Bartholomä zu sehen.

Berchtesgaden ohne Watzmann wäre wie Zermatt ohne Matterhorn, wie Chamonix ohne Mont Blanc.

Am Gipfel der Watzmann-Mittelspitze. Das warme Abendlicht lässt die Bergsteiger jedoch nicht den Abstieg vergessen.

6

SONNTAGSHORN

Ein eindrucksvoller Grenzberg

HÖCHSTER PUNKT
Sonntagshorn (1961 m)

ANFAHRT
Mit dem Auto: Autobahn Salzburg bis zur Ausfahrt Siegsdorf, dann über Inzell und Schneizlreuth zum Ortsteil Melleck. Dort Parkmöglichkeit beim Gasthaus Motzenwirt bzw. beim ehemaligen Gasthaus Zur schönen Aussicht für die Route durch das Rosskar.
Falls man den kürzeren Weg aus dem Heutal nehmen will, Weiterfahrt (durch den Tunnel) bis zur Staatsgrenze und weiter nach Unken, dort rechts ins Heutal. Parkmöglichkeit an der Zufahrtsstraße zur Hochalm bzw. Wanderparkplatz am Ende der Straße.

ZEITDAUER
Anstieg über das Rosskar 4 Std., Abstieg über dieselbe Route 2 3/4 Std.; Anstieg aus dem Heutal 2 1/2 Std., Abstieg 2 Std.; insgesamt knapp 7 Std. für Variante 1, knapp 5 Std. für Variante 2.

ANFORDERUNGEN
Variante 1: Zu Beginn Wirtschaftsweg, später Bergsteig, Trittsicherheit und etwas Orientierungssinn erforderlich. Variante 2: Bis zur Hochalm Almfahrweg (Bergwegvariante möglich), dann breiter Wanderweg.

HÜTTE/EINKEHR
Jausenstation Hochalm, 1330 m (privat, von Juni bis Oktober bewirtschaftet, während der Skitourensaison an Wochenenden, keine Übernachtung). Im Heutal Jausenstation Fischerstüberl, Gasthaus Heutaler Hof. In Melleck Gasthaus Motzenwirt.

KARTE
Sonderblatt Berchtesgadener Alpen L4, 1:50 000 (BLVA)

Das Sonntagshorn beeindruckt von Osten durch seine markante Pyramidenform. Doch diese Ansicht vermittelt kein vollständiges Bild von ihm, denn der höchste Gipfel der Chiemgauer Alpen ist ein vielgestaltiger Berg. Die von weitem so kompakt aussehende felsige Nordostseite ist brüchig und nur für wagemutige Berggeher mit Erfahrung empfehlenswert (in den Anfängen des Alpinismus musste dort so mancher Verunglückte geborgen werden).

Die einfache grüne Südseite des Sonntagshorns senkt sich abwechslungsreich ins Heutal hinab, und das macht es zu einem Berg für jedermann. Die Hälfte des viel bestiegenen Bergs gehört zum Salzburger Land, denn die Landesgrenze verläuft direkt über seinen Gipfel. Und die Wanderer aus Bayern bevorzugen häufig genug den Anstieg von der österreichischen Seite.

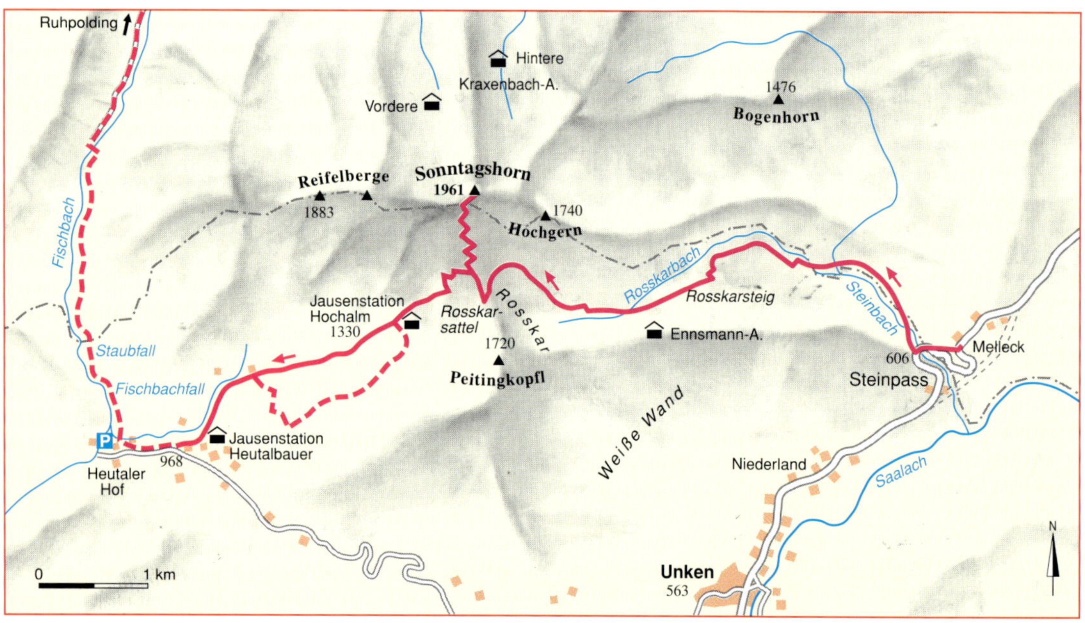

Zwei kleine Aufregungen gab es in letzter Zeit um den Berg – zum einen musste der Spuk, dass auf ihm eine Seilbahn gebaut werden sollte, abgewehrt werden, zum anderen fühlte sich ein Purist bemüßigt, das erst 1988 aufgestellte eiserne Gipfelkreuz umzusägen und zu Tal zu bringen. Dieser Frevel wurde nach einem kleinen Aufstand in der Bevölkerung wieder gutgemacht. Abgesehen von den wenig begangenen Routen durch das Kraxenbachkar ist der Anstieg durch das Steinbachtal und über den Rosskarsteig die stillste Route zum Sonntagshorn – und die abwechslungsreichste.

Am Weg zum Gipfel des Sonntagshorns liegt die Hochalm. Sie bietet als Jausenstation eine willkommene Unterbrechung.

Das Gipfelkreuz am Sonntagshorn war schon einmal Ziel eines »Anschlags«. Vor einigen Jahren sägte ein Unbekannter das Kreuz ab und brachte es zurück ins Tal.

Der vergleichsweise leichte und kurze Weg aus dem Heutal hingegen ist etwas für Ungeduldige.
Der Anstieg von Melleck: Vom Parkplatz zuerst bis zum Steinpass, dann auf steilem Wiesenweg bzw. auf der kurzen Passstraße hinab bis zur scharfen Kehre am Steinbach. Dort beginnt der eigentliche Weg. Nach der Brücke über den Bach folgt man rechts dem Forstweg den Bach entlang, quert diesen dann zweimal, bis das Sträßchen endet. Nach einigen Minuten verlässt man den Bachlauf und folgt der Ausschilderung hinauf in Richtung Rosskar.
Über zahlreiche Serpentinen, die durch eine längere Querung unterbrochen sind, geht es durch Mischwald hinauf zu den verwachsenen Böden der Ennsmannalm. Über diese weiter und zum Teil durch lichten Wald an den Gipfelaufbau des Sonntagshorns heran. Am oberen Ende des Rosskars trifft man auf einen Fahrweg, der links hinauf zum Rosskarsattel leitet. Dort geht es nach rechts, und bald stößt man auf den aus dem Heutal heraufkommenden Weg. In weiten Serpentinen führt er über Grashänge und durch Latschengestrüpp hinauf zum Gipfelkreuz. Ein überwältigender Panoramablick, vor allem die Sicht auf die Reiter Alm und die Loferer Steinberge, ist der Lohn für die Mühe – bei klarer Sicht kann man bis zum Dachstein im Osten und zu den Zentralalpen im Süden sehen.
Der Anstieg aus dem Heutal: Etwa 100 Meter vor dem Gasthaus Heutaler Hof führt rechts ein breiter Fahrweg hinauf zu den Hochalmen auf der Südseite des Sonntagshorns (ein Weg, den auch die Skitourengeher im Winter zu schätzen wissen). Nach einer Rast auf der Jausenstation Hochalm geht es weiter über Almwiesen, bis der steilere Abschnitt des Anstiegswegs beginnt. Dort führen dann zahlreiche Serpentinen über die »grüne« Seite unfehlbar zum Gipfel hinauf.

VARIANTEN

Es gibt mehrere Steige, auf denen man das Sonntagshorn erreicht. Zu den anspruchvollsten, jedoch nicht unbedingt zu den reizvollsten, gehören die steilen, brüchigen Steige durch das Kraxenbachkar auf seiner Nordseite. Wer mit der Familie unterwegs ist und einen reizvollen, aber leichten Weg hinauf ins Heutal sucht, ist mit dem Anstiegsweg von der Laubau, vorbei am Fischbachfall, ebenfalls gut bedient.

7

HEUBERG

Vogelschau ins Inntal

HÖCHSTER PUNKT
Heuberg (1338 m)

ANFAHRT
Auf der Inntalautobahn bis Ausfahrt Brannenburg/Degerndorf, dann nach Nussdorf (487 m). Parkplatz Ortsmitte am Steinbach.

ZEITDAUER
Nussdorf–Kirchwald–Daffnerwaldalm 1½ Std., Daffnerwaldalm–Heuberg ¾ Std, Abstieg über Bichleralm nach Nussdorf 1¼ Std.; insgesamt 3½ Std.

ANFORDERUNGEN
Zu Beginn Pilgerweg, dann Almfahrstraße bis zur Daffnerwaldalm. Die Überschreitung des Heubergs erfolgt auf steilen, aber gut begehbaren Bergsteigen. Trittsicherheit erforderlich.

HÜTTE/EINKEHR
Daffnerwaldalm, ca. 1050 m (privat, von Ende Mai bis Ende September einfach bewirtschaftete Alm, 20 Lager, Tel. 0171/4215310). Gasthäuser in Nussdorf.

KARTE
Topographische Karte Mangfallgebirge L12, 1:50 000 (BLVA)

Der Heuberg ist der westliche Eckpfeiler der Chiemgauer Alpen und fällt allein schon durch seine ungewöhnliche Form auf. Mehrere Gipfel schmücken das kleine Bergmassiv: Wasserwand (1358 m), Heuberg (1338 m), Kindlwand (1228 m) und Kitzstein (1398 m). Man sieht, dass es nicht sein höchster Punkt ist, der dem Bergmassiv Heuberg seinen Namen gegeben hat. Allen Gipfeln gemeinsam ist die überwältigende Aussicht auf die Tegernseer Berge und hinaus in die Ebene; man genießt eine Rundumsicht bis weit in die Zentralalpen.

Der Name Heuberg leitet sich nicht – wie man meinen könnte – vom üppigen Heu her, das man vielleicht früher aus seinen Bergflanken geholt haben mag. Die Etymologen führen die Bezeichnung auf »geheiter Berg« zurück, was so viel wie verbotener Berg heißen soll.
Man beginnt die schöne Rundwanderung am besten in Nussdorf und passiert bereits am Anfang des Wegs die kleine Wallfahrtskirche St. Mariä Heimsuchung in Kirchwald. Es könnte ja sein, dass die religiöse Stätte dort errichtet worden ist, um die bösen Geister des Bergs zu bannen. Dieser Kirche ist die einzige Einsiedlerklause in Oberbayern angeschlossen.

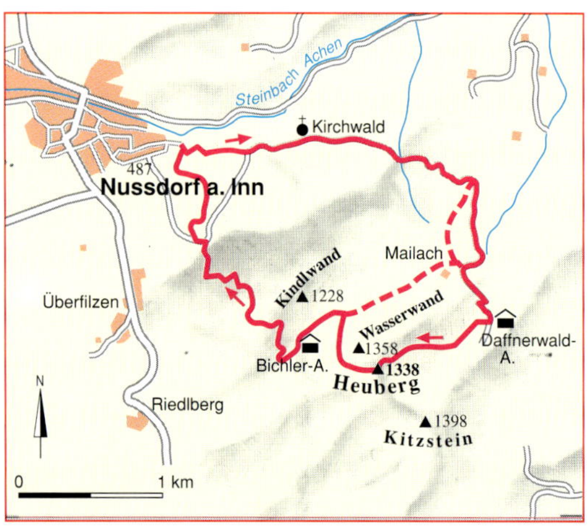

In Nussdorf nimmt man zuerst die Heubergstraße bis zum Ortsende, folgt dann dem alten Pilgerweg zur Wallfahrtskirche in Kirchwald mit ihren zahlreichen Kreuzwegstationen. Von dort leitet ein Wirtschaftsweg in weitem Rechtsbogen durch Wald bis zu den Daffnerwaldalmen (etwa 1000 m), die allein schon wegen ihrer Lage einen Ausflug wert sind. Bei den Hütten rechts den Pfadspuren folgend über die steilen Almwiesen hinauf in den Sattel zwischen Wasserwand und Heuberg, dort links zum Heuberg (der Abstecher auf die Wasserwand ist aufregender; einige Passagen sind mit Drahtseil gesichert).
Der Abstieg auf der Inntalseite ist ebenfalls etwas steil. Man geht zuerst auf den Pfadspuren in westlicher Richtung hinab zum Waldrand, dann folgt man dem Bergkamm in einem kleinen Rechtsbogen bis zu einer Wegverzweigung (rechts führt der Weg zu den Jagdhütten von Mailach hinab). An der Abzweigung nun links durch den steilen, mit Schrofen durchsetzten Berghang bis zur unbewirtschafteten Bichleralm (1110 m). Der weitere Abstieg verläuft in zahlreichen kurzen Kehren durch einen steilen Bergwald bis zum Bergfuß. Dort links haltend gelangt man zum Fahrweg, der direkt nach Nussdorf hineinführt.

VARIANTEN

Da der Abstieg vom Heuberg über die Bichleralm recht steil ist, kann, wer es lieber gemütlich mag, vom Gipfel auch die im Osten anschließende Wasserwand umrunden und wieder zum Anstiegsweg absteigen, den man bei den Hütten von Mailach erreicht. Wer zum Wanderparkplatz (im Wald) unterhalb des Gasthauses Duftbräu fährt, spart sich auch einige Höhenmeter: 500 Meter vor dem Gasthaus bei der Anfahrt von Nussdorf zweigt rechts

Vom Gipfel des Heubergs hat man einen schönen Blick auf die Wasserwand, die über eine kurze Klettersteiganlage erreichbar ist. Links öffnet sich die freie Aussicht in die Ebene.

Am Anstiegsweg von Nussdorf zur Daffnerwaldalm trifft man auf die Einsiedelei Kirchwald.

ein asphaltierter Fahrweg ab, der dann aber bald in einen unbefestigten Weg übergeht.

DER LOWA -TIP!

Bei der Anfahrt oder nach Beendigung der Tour sollte man einen Abstecher nach Neubeuern einplanen. Der Marktplatz des Städtchens, umstanden von Bürgerhäusern mit schönen Fassadenmalereien, ist beeindruckend. Sehenswert sind ebenfalls das ehemalige Gerichtsschreiberhaus, das Pfarrhaus und die Pfarrkirche Mariä Empfängnis. In einem der Gasthäuser, im Sommer vorzugsweise im Biergarten, kann man nach der Besichtigung den Tag ausklingen lassen.

Informationen: Gemeindeverwaltung Neubeuern, Tel. 0 80 35/20 15

8

ROSS- UND BUCHSTEIN

Favorit der Münchner Kletterer

HÖCHSTER PUNKT
Buchstein (1698 m)

ANFAHRT
Autobahn Salzburg bis zur Ausfahrt Holzkirchen, dann über Gmund, Bad Wiessee und Kreuth zum Parkplatz rechts an der Straße, 700 m hinter dem Gasthaus Bayerwald.

ZEITDAUER
Parkplatz–Tegernseer Hütte 2½ Std., Buchsteingipfel 15 Min., Abstieg über die Röhrlmoosalm 2½ Std., Abstieg auf dem Anstiegsweg 1½ Std.; insgesamt 4½ Std. bzw. 5½ Std.

ANFORDERUNGEN
Leicht zu begehender, jedoch überwiegend steiler Bergsteig bis zum sogenannten Brotzeitfelsen. Dann z. T. mit Seilen gesicherter Steig bis zur Tegernseer Hütte. Der kurze Gipfelanstieg auf den Buchstein ist nur etwas für trittsichere und schwindelfreie Bergwanderer, denn der Fels ist ziemlich abgeschmiert (Schwierigkeitsgrad I). Beide Abstiegsvarianten sind leicht zu begehen.

HÜTTE/EINKEHR
Tegernseer Hütte, 1650 m (AV-Hütte, von Mitte Mai bis Mitte Oktober bewirtschaftet, 30 Lager; Tel. 01 61/1 83 63 81). Gasthaus Bayerwald.

KARTE
Sonderblatt Bad Tölz–Lenggries und Umgebung L18, 1:50 000 (BLVA)

Sie sind wirklich Paradeberge in den Bayerischen Voralpen, dieses berühmte Zwillingspärchen, beliebt und geeignet als Wanderziel bis in den späten Herbst. Genussvoll ist die Tour deshalb, weil in der engen Scharte zwischen beiden Gipfeln die Tegernseer Hütte einen wirklich unvergleichlichen Platz gefunden hat. Als Bergwanderer muss man ganz einfach mal zu Ross- und Buchstein hinaufgegangen sein – und wer einmal oben war, kommt immer wieder.

Schon die Anfahrt ist äußerst reizvoll. Vom Tegernsee fährt man an Kreuth vorbei, lässt das »schwarze« Wildbad Kreuth links liegen und erreicht an der Weissach entlang den Parkplatz kurz hinterm Gasthaus Bayerwald. Hier liegt der Ausgangspunkt einer beschaulichen, nicht kurzen Voralpenwanderung.
Die erste halbe Stunde geht es ziemlich steil durch Hochwald empor. Aber dann bietet sich auch schon erste Gelegenheit zu einer Rast. Am Sonnbergalm-Niederleger hat man sich warm gelaufen und ein erster Schluck aus der Thermosflasche wird fällig. Immer wieder schöne Ausblicke auf den Blaubergkamm gewährend, zieht der Steig weiter empor zum Sonnbergalm-Hochleger. Nach einer dreiviertel Stunde durch Mischwald gelangt man ins alpine Gelände und genießt einen ersten Eindruck von Ross- und Buchstein, die mit steilen Felsflanken an ihren Südseiten beeindrucken. Der gut markierte Weg führt nun im Linksbogen an die Felsen des Rosssteins heran. Drahtseilgesichert windet sich der Steig zwischen Hauptgipfel und der imponierenden Rosssteinnadel hindurch und erreicht die 1650 Meter hoch gelegene Tegernseer Hütte – ein Adlerhorst zwischen Felsen, mit einer Terrasse, die man so schnell nicht wieder verlässt.
Erst sollte man jedoch zum nicht schwierigen Rosssteingipfel hinaufsteigen; auf schmalem, latschengesäumten Pfad erreicht man ihn in wenigen Minuten (etwa zweieinhalb Std. hat es vom Gasthaus Bayerwald zum 1698 Meter hohen Gipfel gedauert). Schwieriger ist der Buchstein. Der kurze Aufstieg weist leichtes Klettergelände und sehr abgespeckten Fels auf – man muss in felsigem Gelände schon sicher sein, um den Anstieg zum Buchstein (1698 m) geniessen zu können.
Für den Abstieg wählt man am besten einen anderen Weg als für den Aufstieg: Nordostwärts führt ein Steig hinab zur Rosssteinalm. Hier hält man sich entweder links und wandert hinab zur Röhrlmoosalm und hinaus zur Straße (man muss etwa einen Kilometer auf der Straße zum Auto gehen), oder man hält sich rechts, steigt ab zur Buchsteinhütte (bewirtschaftet) und hinunter ins Schwarzenbachtal, durch das man zur Straße zurückkommt. Links von der Straße führt ein Wanderweg in südwestlicher Richtung zum Gasthaus Bayerwald.

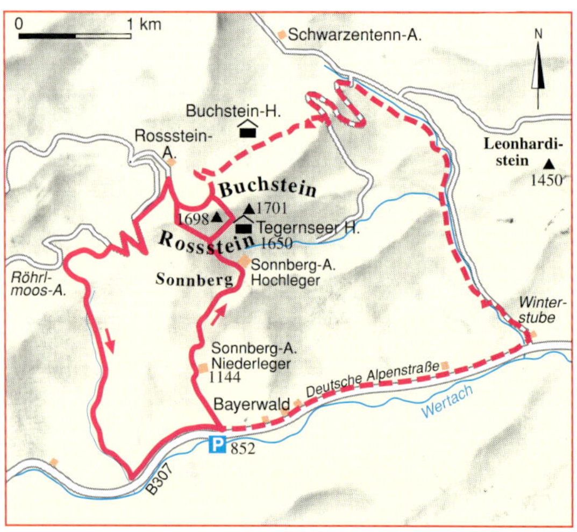

Die Tegernseer Hütte scheint unter dem Buchsteingipfel Schutz zu suchen, so eng drückt sie sich an seine Felsen. Ihre Aussichtsterrasse grenzt direkt an den Abgrund – fürwahr ein aufregender Ort, um über Anspannung und Entspannung in den Bergen nachzudenken.

Kletterer an der Rosssteinnadel, die nur anspruchsvolle Routen aufweist.

9

HOCHISS

Auf eine formschöne Pyramide

HÖCHSTER PUNKT
Hochiss (2299 m)

ANFAHRT
Mit dem Auto: Von München über Tegernsee zum Achensee und nach Maurach oder auf der Inntalautobahn bis zur Ausfahrt Wiesing/Jenbach und nordwärts nach Maurach.
Mit der Bahn: Über Kufstein nach Jenbach und von hier mit der kleinen Achenseebahn nach Maurach.

ZEITDAUER
Von der Erfurter Hütte bei der Seilbahn-Bergstation zur Hochiss $1^{1}/_{2}$ Std.; von der Hochiss zur Seilbahn 1 Std.; Abstiegsvariante über Dalfaz- und Durraalm 3 Std.; insgesamt $2^{1}/_{2}$ bzw. $5^{1}/_{2}$ Std.

ANFORDERUNGEN
Wanderung, die weniger Ausdauer als vor allem Trittsicherheit und Schwindelfreiheit voraussetzt. Wanderwege und Bergsteige, einige Drahtseilsicherungen.

HÜTTE/EINKEHR
Erfurter Hütte, 1831 m (AV-Hütte, eine Woche vor Pfingsten bis Mitte Oktober bewirtschaftet, 16 Betten, 50 Lager, 10 Notlager; Tel. 00 43/52 43/55 17). Dalfazalm-Hochleger, 1692 m (private Almwirtschaft, von Mitte Juni bis Oktober bewirtschaftet, 30 Lager; Tel. 00 43/52 43/ 52 24).

KARTE
Blatt 119 Schwaz, 1: 50 000 (ÖB)

Die Hochiss ist mit ihren 2299 Metern der höchste Gipfel eines ganz und gar eigenwilligen Gebirges: der Rofangruppe, die auch Sonnwendgebirge genannt wird. Dieser Gebirgszug der Nordtiroler Kalkalpen – zwischen Achensee Brandenberger Tal gelegen – wird gleichsam von der Hochiss gekrönt. Grüne Hochweiden prägen die Landschaft, die man beim Anstieg von Südwesten her durchquert. Nach Norden hin aber bricht die Hochiss wie auch der gesamte Rofanhauptkamm mit lotrechten Wänden steil ab. Dies ist ein abrupter Übergang von der Lieblichkeit der Wanderregion in die senkrechte Wildnis aus Stein. Zur Hochiss hinaufzusteigen bedeutet also auch, an den Rand des Abgrunds zu treten …

Aller Anfang ist hier leicht. In Maurach an der Südspitze des Achensees stellt man das Auto auf dem Parkplatz ab, geht hinüber zur Gondelbahn und ist bald schon droben auf 1831 Meter Höhe, bei der Erfurter Hütte und mitten im Gebirge. Zwischen den unzähligen Bergbegeisterten, die von hier ausströmen, um Rofanspitze, Sagzahn und Hochiss zu erwandern, spaziert man auf mäßig steilem Weg dem Gschöllkopf entgegen. Allmählich ansteigend, führt der Weg zur Einsenkung zwischen eben diesem Gschöllkopf und den Südwesthängen des Spieljochs. Noch ist man unterhalb von 2000 Metern; der Hauptanstieg kommt erst. Zunächst flach und bequem, zieht der Steig nordostwärts auf das Spieljoch zu. Hier wendet er sich nach links, wird steiler – an einigen Stellen ist er drahtseilgesichert – und erreicht den eigentlichen Gipfelaufbau der Hochiss. Dessen Südseite wird ansteigend gequert, dann wird der Kamm, wo die Wände nach Norden hin abbrechen, westlich des Gipfels erreicht. Von hier aus ist man in wenigen Minuten am höchsten Punkt (2299 m), dem Gipfel der Hochiss. Von der Seilbahnstation hierher sind es lediglich eineinhalb Stunden, ein anregender Alpenspaziergang also, der freilich in seiner Kürze nicht über die allenthalben gegebenen Gefahren hinwegtäuschen darf. Die Aussicht von der Hochiss ist grandios: Einblicke in die Felsregion überm verwunschenen Ampmoosboden, im Norden der breit hingestreckte Elefantenrücken des Gufferts, im Westen das Karwendelgebirge und im Süden die gletscherglänzenden Zentralalpen.
Für den Abstieg gibt es zwei Möglichkeiten: Entweder von der Hochiss westwärts zum Streichkopfgatterl, hinunter zur Dalfazalm (bzw. quert von hier zur Erfurter Hütte) und über die Durraalm. Dieser Weg ist weit, aber er führt angenehm ins Tal zurück nach Maurach. Oder man geht,

Der Hochiss beeindruckt von allen Seiten durch seine pyramidenartige Form. Der höchste Gipfel des Rofangebirges hat aber auch eine »schwache« Seite. Am Gipfel erwarten den Bergsteiger jedoch einige Seilsicherungen – und Schwindelfreiheit muss vorausgesetzt werden.

Die Erfurter Hütte liegt noch nahe der Bergstation der Rofanseilbahn.

weil es knieschonender ist, den Anstiegsweg zurück und fährt mit der Gondelbahn ins Tal. Für letzteres braucht man gerade einmal eine Stunde (wobei sich im Rofan genug Flecken finden, an denen man, im Gras liegend, beim Beobachten der Wolken den Tag verträumen kann).

Wählt man den langen Abstieg über Dalfaz- und Durraalm, sollte man dafür aber sicherheitshalber drei Stunden einplanen. Bei diesem Abstieg ist denn auch jeder Schritt der Tour, die vis-à-vis vom Karwendel und hoch über dem Achensee entlang führt, ein echter Hochgenuss.

10

SPECKKARSPITZE

Steiler Felsgipfel über dem Hallerangerhaus

HÖCHSTER PUNKT
Speckkarspitze (2621 m)

ANFAHRT
Auf der Garmischer Autobahn bis zum Ende, dann auf der Bundesstraße über Mittenwald nach Scharnitz (964 m), Grenzort mit Bahnstation am Fuße des Karwendels.
Großer Parkplatz am östlichen Ortsrand von Scharnitz. Hier beginnen alle Wanderungen in die westlichen Karwendeltäler.

ANFORDERUNGEN
Von Scharnitz bis zum Hallerangerhaus Fahrweg; der Gipfelanstieg verläuft über einen Bergsteig. Trittsicherheit und etwas Ausdauer erforderlich. Unbedingt eine Übernachtung einplanen.

ZEITDAUER
Scharnitz–Hallerangerhaus 5 Std., Gipfelanstieg 2 1/2 Std., Abstieg vom Gipfel nach Scharnitz 4 Std.; insgesamt 11 1/2 Std.

HÜTTEN/EINKEHR
Hallerangerhaus, 1768 m (AV-Hütte, Juni bis Mitte Oktober bewirtschaftet, 26 Betten, 70 Lager; Tel. 00 43/53 13/53 26). Hallerangeralm, 1774 m (privat, Juni bis Ende September bewirtschaftet, 73 Betten; Tel. 00 43/52 13/52 77).

KARTE
Topographische Karte Karwendel L 5 und Blatt 118 Innsbruck (ÖB), 1:50 000 (BLVA)

Die Gleiersch-Halltal-Kette befindet sich im Zentrum des Karwendelgebirges. Sie hat ihren höchsten Punkt zwar im Großen Bettelwurf, die nur 100 Meter niedrigere Speckkarspitze hingegen ist von ausgeprägterer Form. Als stolze Pyramide thront sie über dem Hallerangerboden. Noch im 19. Jahrhundert war der gesamte Gebirgszug, besonders im Halltal, unter dem Namen Speckkargebirge bekannt; diese Benennung ist heute nicht mehr gebräuchlich, und sie hat sich nur noch im Namen des Gipfels erhalten.
Wer eine ruhige und zugleich spektakuläre Karwendelwanderung unternehmen möchte, zwei Tage einplanen kann und ein prächtiges Gipfelpanorama schätzt, wird diese Tour in sein Wanderbuch aufnehmen. Dabei wird das reizvolle Hallerangerhaus oder die gemütliche Hallerangeralm geschätzter Stützpunkt sein.

Von der Ortsmitte in Scharnitz wandert man zuerst Richtung Süden, dann von der Hauptstraße links ab und über die Isarbrücke. Man hält sich immer am Isarufer, überquert dieses am Ende der Ortsbebauung und folgt von dort der Fahrstraße, die zum Schönwieshof führt (links zweigt die Fahrstraße ins Karwendeltal ab). Man bewegt sich etwas weg von der Isar und steigt hoch über der Bachschlucht durch Wald an, später wieder hinab zum Talgrund und folgt nun weiter dem Lauf der Isar bis zum Talgrund der Kastenalm. Dort rechts haltend und dem Lafatscher Bach folgend, geht es weiter auf einem Fahrweg – nun jedoch steiler ansteigend – hinauf zum Almboden unterhalb des Überschalljochs, wo man neben dem Hallerangerhaus auch in der Hallerangeralm Unterschlupf finden kann.
Vom Hallerangerhaus folgt man dem Weg zum Lafatscher Joch bis oberhalb des Lafatscher Durchschlags. Auf halbem Weg dorthin beginnt der markierte Steig, der zuerst in das kleine Kar auf der Westseite des Gipfels führt und später im oberen Teil knapp unterhalb des Nordwestgrats hinauf zum Gipfel leitet.
Der Abstieg erfolgt auf dem Anstiegsweg.

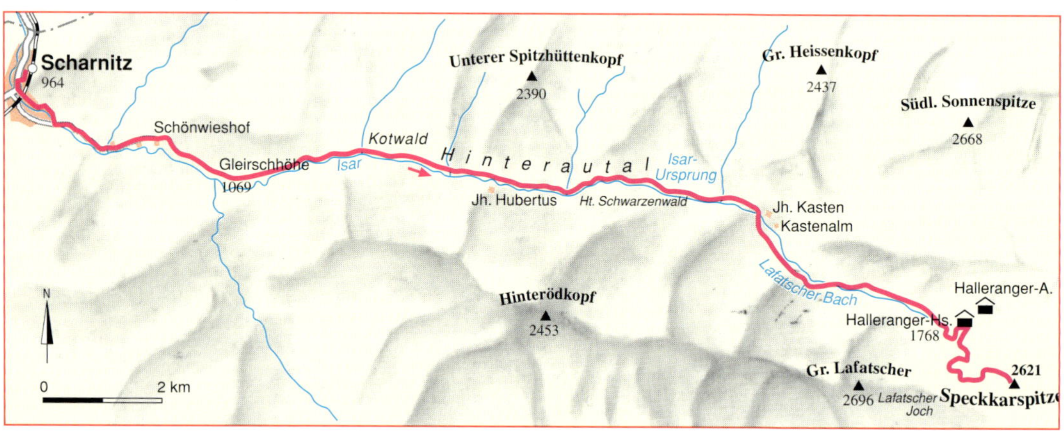

DER LOWA-TIP!

Auf dem Hallerangerboden findet man einen der schönsten Zirbenbestände des gesamten Karwendelgebirges. Eine Besonderheit dieser Bäume sind ihre eßbaren Samen. Das wertvolle Holz der Zirben hat eine lange Lebensdauer, und es wurde früher hauptsächlich für die Herstellung von Bauernmöbeln verwendet.

Die Speckkarspitze baut sich massiv über dem Hallerangerboden auf.

11 PARTENKIRCHENER DREITORSPITZE

Felsriese überm königlichen Jagdschlösschen

HÖCHSTER PUNKT
Partenkirchener Dreitorspitze (2633 m)

ANFAHRT
Nach Garmisch-Partenkirchen, dann Richtung Mittenwald nach Klais (Bahnhof) und auf kleiner Straße am Schloss Kranzbach vorbei nach Elmau (1008 m); dort Parkplatz.

ZEITDAUER
Elmau–Schachen 3½ Std., Schachen–Meilerhütte 1½ Std., Meilerhütte–Gipfel 1½ Std.; Abstieg 5 Std.; insgesamt 11–12 Std.

ANFORDERUNGEN
Bis zum Schachen Wanderung auf guten Wegen. Vom Schachen zur Meilerhütte Bergsteig mit hochalpinem Charakter. Der Aufstieg zur Partenkirchener Dreitorspitze führt durch Schrofen- und Schuttgelände; im Gipfelbereich Klettersteigcharakter. Übernachtung einplanen.

HÜTTE/EINKEHR
Schachenhaus, 1866 m (privat, Anfang Juni bis Mitte Oktober bewirtschaftet, 18 Betten, 70 Lager; Tel. 0 88 21/29 96). Meilerhütte, 2366 m (AV-Hütte, Mitte Juni bis Anfang Oktober bewirtschaftet, 70 Lager, 40 Notlager; Tel. 01 71/5 22 78 97).

KARTE
Topographische Karte Sonderblatt Karwendelgebirge · Werdenfelser Land L 5, 1:50 000 (BLVA)

Wer das Wettersteingebirge nicht kennt, könnte vermuten, dass die Region der Dreitorspitzen im Schatten berühmter Gipfel wie Zugspitze und Alpspitze steht, doch das ist ein Irrtum. Die Dreitorspitzen, namentlich die Partenkirchener Dreitorspitze, erfreuen sich bei ausdauernden Berggängern großer Beliebtheit, bewegt man sich doch in einer alpingeschichtsträchtigen Landschaft und genießt unvergleichliche Aus- und Einblicke ins Herz dieses wundervollen Gebirges.

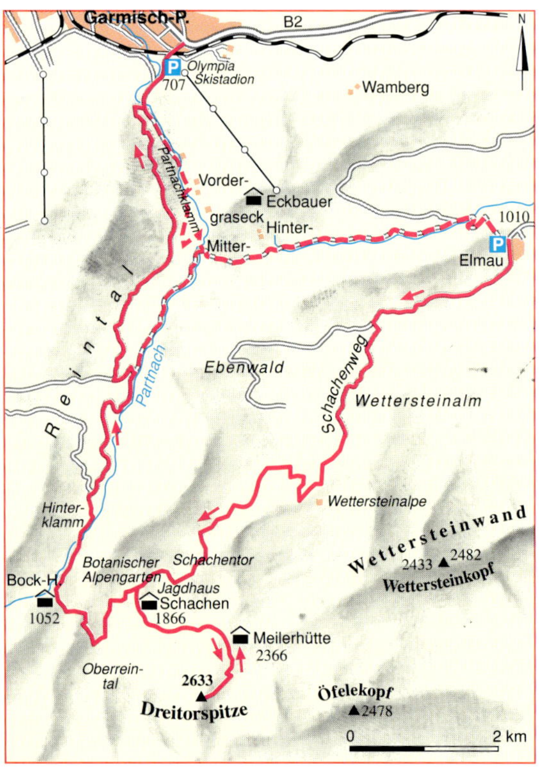

Vom Schloss Elmau, malerisch eingebettet zwischen Weideböden und Wettersteinwänden, führt ein breiter, bequem zu gehender und gut ausgeschilderter Weg südwestwärts empor Richtung Schachen. Man ist unterwegs auf dem Königsweg, der allmählich an Höhe gewinnt. Steil geht es zum Steilenberg hinauf, und schließlich gelangt man zum Schachen, wo König Ludwig II. ein verträumtes Jagdschloss errichten ließ und wo, gleich nebenan, ein reizender botanischer Alpengarten die Besucher erwartet. Für die Besichtigung des Schlosses wie auch der farbenprächtigen Artenvielfalt des botanischen Gärtchens sollte man sich auf jeden Fall Zeit nehmen; und vielleicht noch eine Stunde mehr, um hier oben die einmalige Landschaft zu genießen, so wie einstmals der Märchenkönig. Für die Begehung der Dreitorspitze sollte man auf jeden Fall zwei Tage einplanen, denn sonst wird die Tour wirklich eine Tortur.

Vom Schachen führt der Weg in alpineres, felsiges Gelände. Der Steig überwindet eine Steilstufe zum Frauenalpl, durchzieht welliges Karstgelände und erreicht durch eine steile Rinne die 2366 Meter hoch gelegene Meilerhütte, ideal als Stützpunkt und Übernachtungsort. Von der Hütte steigt man jenseitig hinab und in einem Rechtsbogen zum Leutascher Platt. Etwas mühsam geht es nun bergauf, bis der Steig vom Schutt in die Felsen kommt. Der gut gesicherte Hermann-von-Barth-Weg führt zum Gipfel der Partenkirchener Dreitorspitze (2633 m). Sie zählt zu jenen Bergen, die das berühmte Oberreintal begrenzen, einen Felskessel, in dem Klettergeschichte gemacht worden ist.

Zurück geht es auf dem Anstiegsweg bis zum Schachen und weiter bis zur Gabelung, wo der Anstiegsweg rechts nach Elmau hinunterführt (Steilenberg). Nun geradeaus in Richtung Partnachklamm, vorbei am Kälberhüttl und bis zum Beginn

Zwei Orte am Wettersteingebirge reklamieren jeweils eine Dreitorspitze für sich: Leutasch und Partenkirchen. Letztere geht man von der Meilerhütte an, die für diese Tour einen idealen Stützpunkt abgibt.

der Klamm. Wer zum Auto nach Elmau muss, hält sich nun rechts und wandert durch wundervolle Natur zum Anfang der Dreitorspitzentour zurück. Wer mit der Bahn angereist ist, kann noch zur Partnachklamm gehen und durch diese wild tosende Schlucht zum Partenkirchener Olympiastadion hinauswandern, bis er schließlich zurück zum Bahnhof gelangt.

Bei der Meilerhütte überschreitet man die bayerisch-österreichische Grenze.

12 KRAMER

Aussichtskanzel über Garmisch

HÖCHSTER PUNKT
Kramerspitz (1985 m)

ANFAHRT
Auf der Garmischer Autobahn bis zum Ende und auf der Bundesstraße nach Garmisch-Partenkirchen (708 m).
Start ist in der Ortsmitte von Garmisch (Kirche) bzw. am Friedhof am nordwestlichen Ortsrand (der Ausschilderung Bayernhalle folgen); dort Parkmöglichkeit.

ANFORDERUNGEN
Der Anstieg über das Gasthaus St. Martin ist gut bezeichnet, aber stellenweise etwas mühsam (im oberen Bereich längere, z. T. ausgesetzte Schuttpassagen). Die Route über die Stepbergalm und den Alpensteig eignet sich besser für den Abstieg, also nicht umgekehrt laufen. Trittsicherheit, Schwindelfreiheit und Ausdauer erforderlich. Einige Stellen sind mit Drahtseilen gesichert.

ZEITDAUER
Garmisch–Gasthaus St. Martin 1 Std., Weiterweg zum Gipfel knapp 3 Std., Abstieg zur Stepbergalm 1/2 Std., Rückkehr nach Garmisch über den Alpensteig 2 Std.; insgesamt 6 1/2 Std.

HÜTTE/EINKEHR
Gasthaus St. Martin, 1028 m (privat, ganzjährig bewirtschaftet; Betriebsferien nach Ostern und zwischen Mitte November und Mitte Dezember, Dienstag Ruhetag; Tel. 0 88 21/49 70).
Stepbergalm, 1583 m (im Sommer bewirtschaftete Almhütte, Brotzeit, Getränke und ein paar warme Gerichte).

KARTE
Topographische Karte Sonderblatt Karwendelgebirge · Werdenfelser Land, 1:50 000 (BLVA)

Von allen voralpinen Gipfeln um Garmisch stellt der Kramer die größten Anforderungen an den Bergwanderer. Nicht so sehr wegen der objektiven Schwierigkeiten, vielmehr sind es die zu bewältigenden 1300 Höhenmeter, die einigen Schweiß kosten. Wenn man den Gipfel endlich erreicht hat, lassen der Tiefblick auf Garmisch und die prachtvollen Felswände des Wettersteingebirges und des Karwendels gegenüber die Anstrengung jedoch bald vergessen.

Von der Ortsmitte in Garmisch bzw. der Bayernhalle gehen wir zuerst auf breiten Wegen zum quer führenden Kramerplateauweg. Wo sich die Wege treffen (oberhalb der kleinen Kapelle), steht ein massiver hölzerner Wegweiser, der auf einen schmalen Fahrweg durch Wald zur Bergwirtschaft St. Martin weist, von der man einen ersten schönen Blick auf die Olympiastadt hat. Kurz vorher zweigt der Weg rechts ab, und man folgt der Ausschilderung zur Kramerspitze. In weiten Serpentinen weiter durch Fichtenhochwald, der später in Kiefernwald übergeht. Man passiert ein freieres und steileres Stück mit kleinen Felswänden, überwindet eine interessante Passage auf gesicherter Holztreppe und gelangt zu einer Eisenkanzel. Oberhalb kommt man durch Wald, und nach zwei Stunden bequemer Gehzeit zweigt links der eigentliche Gipfelweg ab. Jetzt wird es steil, und über einen steinigen Bergweg geht es durch Latschen zum zerklüfteten Gipfelgrat. Links weiter im Auf und Ab Richtung Hauptgipfel. Vor einem größeren Aufschwung weicht der Weg in die Nordflanke aus. Man steigt ein kurzes Stück ab und quert ein steiles Kar. Hat man den Grat wieder erreicht, ist der Gipfel, den ein silberglänzendes Kreuz schmückt, bald erklommen.

Vom Gipfel quert man die steilen Schrofen in westlicher Richtung und erreicht leichteres Gelände. Das letzte Stück führt steil durch Latschen und Almgelände zur Stepbergalm.
Für die Rückkehr zum Ausgangspunkt hält man sich scharf links, steigt über Almmähder leicht an, bis sich der Stepbergalpensteig erst leicht fallend, dann in steilen Serpentinen durch die bewaldete Südwestflanke des Kramers hinabwindet. In Nähe der Dürerlaine erreichen wir den Kramerplateauweg, der uns fast eben durch Wald und freieres Gelände zum Ausgangspunkt bringt.

DER LOWA-TIP!

Am Nordostfuß des Kramers gelangt man über die Pflegerseestraße zum Pflegersee. Vom gleichnamigen Gasthof (geöffnet 9–18 Uhr, kein Ruhetag) führt ein Rundweg zur Burgruine Werdenfels.

Im oberen Teil des Kramersteiges gibt es einige hübsche Passagen entlang eines felsdurchsetzten Geländes, von denen manche bergwanderfreundlich abgesichert sind.

Kurz bevor man den Weg ins Tal nimmt, kehrt man dann noch in der Stepbergalm ein.

13 HOCHPLATTE

Runde an einem behäbigen Klotz

HÖCHSTER PUNKT
Hochplatte (2082 m)

ANFAHRT
Auf der Garmischer Autobahn bis Oberau, dann über Ettal und durch das Graswangtal zum Alpenhotel Ammerwald 4 km hinter der österreichischen Grenze; dort Parkmöglichkeit.

ZEITDAUER
Ammerwald–Weitalpjoch–Hochplatte 3 Std., Abstieg über den Westgrat 2 Std.; insgesamt 5 Std. Die Route über die Kenzenhütte ist etwas kürzer.

ANFORDERUNGEN
Bezeichneter Steig, der jedoch Trittsicherheit und Schwindelfreiheit voraussetzt. Am Gipfelgrat einige Seilsicherungen. Im Sommer stark der Sonne ausgesetzt, also früh starten. Der Abstieg über den Westgrat ist erfahrenen Bergsteigern vorbehalten.

HÜTTE/EINKEHR
Unterwegs keine. Alpenhotel Ammerwald, 1075 m (Privatgasthaus, ganzjährig bewirtschaftet, 170 Betten). Kenzenhütte, 1285 m (privat, von Ostern bis Mitte Oktober bewirtschaftet, 60 Betten); Tel. 0 83 68/3 90).

KARTE
Sonderblatt Karwendelgebirge · Werdenfelser Land, 1:50 000 (BLVA)

Der lang gezogene, markante Bergrücken der Hochplatte vermittelt phantastische Blicke ins Alpenvorland, auf das Wettersteingebirge und in die Lechtaler Alpen. Besonders empfehlenswert ist diese Tour im Herbst, wenn die Luft klar ist und die Sicht ins Unendliche reicht.

Es ist nicht die Form, die die Ammergauer Hochplatte als Gipfelziel so anziehend macht, vielmehr ist es die Urwüchsigkeit der Landschaft im hinteren Ammertal – und natürlich der Umstand, dass die Hochplatte mit ihrer Höhe von 2082 Metern alle anderen Gipfel der nordwestlichen Ammergauer Alpen um ein gutes Stück überragt.

Der geläufigste Anstieg ist sicher von Norden über die Kenzenhütte – denn diese einzige Einkehrmöglichkeit im Bereich der Hochplatte bietet nicht nur Rast und Unterkunft, sondern sie ist auch mit einem Kleinbus erreichbar; man spart also Höhenmeter. Wer aber eine einsamere Variante schätzt, ist mit dem Aufstieg durch das Roggental bestens bedient. Zudem hat man auf dem Heimweg dann noch Gelegenheit, entweder Schloss Linderhof einen Besuch abzustatten oder in der Ettaler Mühle einzukehren. 500 Meter vor dem Hotel Ammerwald zweigt rechts ein Fahrweg ab, der durch Wald bis an den Eingang des Roggentals führt. Durch das tief eingeschnittene Bachtal geht es höher – wobei man mehrmals den Bach überquert –, bis man nach einer guten Stunde Gehzeit zu einer Wegverzweigung kommt (1466 m). Rechts haltend weiter auf einem Steig über freies Gelände hinauf zum Weitalpjoch (ca. 1780 m).

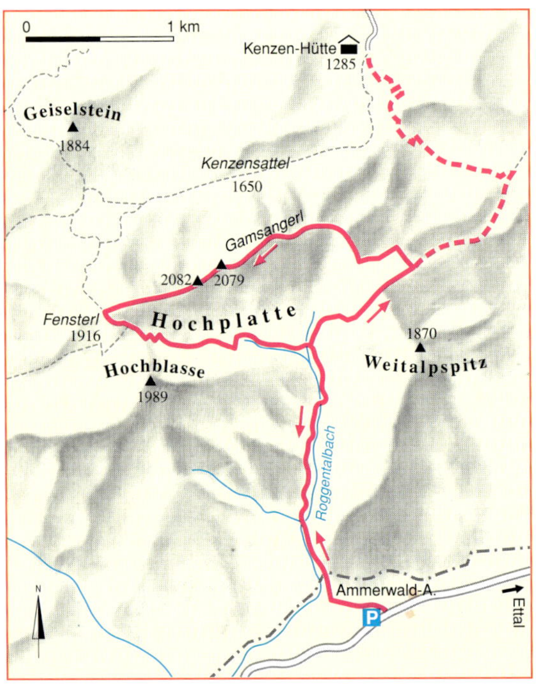

Von dort rechts leicht abwärts um einen Kopf herum, dann links (Richtung Westen) – rechts liegt das sogenannte Schlössl –, und man wandert zu den Karrenfeldern hinauf, die sich weit den Ostgipfel hinaufziehen. Man steigt auf schmalem Pfad weiter an, passiert das Gamsängerl, eine Wiesenmulde, und geht zuletzt über einen mit Eisenstangen gesicherten Grat hinauf bis zum höchsten Punkt der Hochplatte.
Der Abstieg über das Fensterl: Vom Gipfel den steil abfallenden Westgrat, auf drahtseilgesichertem Steig hinab und zur Westschulter; nun weiter abwärts über den Grat zum doppelten Felsenfenster (1916 m). Bei der Wegverzweigung links und zur Roggentalgabel hinab. Über ein weites Kar auf der Südseite der Hochplatte geht es zur Wegverzweigung, die man bereits beim Anstieg berührt hat. Durch das Roggental gelangt man zurück zum Alpenhotel Ammerwald.

DER LOWA-TIP!

Wer die Hochplatte lieber von Norden her besteigen möchte, kann den für den öffentlichen Verkehr gesperrten Fahrweg zur Kenzenhütte mit einem Kleinbus abkürzen. Abfahrt: Halblech an der alten Dorfstraße, gleich hinter der Brücke über den Halblech. Tel. 0 83 68/550, Ostern bis Mitte Okt., Hin- und Rückfahrt etwa 10 DM.

Die Überschreitung der Hochplatte ist nur für Geübte geeignet, einige heikle Stellen sind jedoch mit Sicherungen versehen. Unterwegs findet sich keine Einkehrmöglichkeit – also Brotzeit mitnehmen!

Ein besonderer Leckerbissen befindet sich an der Abstiegsroute: Ein »Felsenfenster« vermittelt uns ungewohnte Perspektiven.

14 GROSSER WIDDERSTEIN

Dominante Berggestalt im Kleinen Walsertal

HÖCHSTER PUNKT
Großer Widderstein (2533 m)

ANFAHRT
Mit dem Auto: Über Kempten und Sonthofen bis nach Oberstdorf. Noch vor dem Ort geht es rechts ab ins Kleine Walsertal. Auf der Fahrstraße in dieses Tal bis fast ans Ende nach Baad (1244 m). Parkplätze am Ortsanfang von Baad und am Eingang ins Bärgunttal (z.T. gebührenpflichtig).
Mit Bahn/Bus: Mit der Bahn bis Oberstdorf. Von dort verkehrt ein Bahnbus nach Baad, dem letzten Dorf im Kleinen Walsertal.

ZEITDAUER
Baad–Obere Widdersteinalpe 3 1/2 Std., Gipfelanstieg 1 1/2 Std., Abstieg und Rückweg über das Gemsteltal 3 1/2 Std.; insgesamt 8 1/2 Std.

ANFORDERUNGEN
Durch das Bärgunttal und das Gemsteltal führen breite Talwege; der Übergang auf der Südseite des Großen Widdersteins erfolgt auf Bergsteigen; der Gipfelabstieg setzt Trittsicherheit und Schwindelfreiheit voraus, einige Stellen im Schwierigkeitsgrad I; Tour nur bei guten Witterungsbedingungen durchführen!

HÜTTE/EINKEHR
Bärgunt-Hütte, 1391 m (private Almwirtschaft, von Pfingsten bis Ende Oktober bewirtschaftet).
Obere Widdersteinhütte, 2009 m (privat, von Anfang Juni bis Ende September bewirtschaftet; 30 Lager; Tel. 00 43/6 63/05 13 59).
Hintere Gemstelhütte, 1320 m (von Pfingsten bis Ende Oktober bewirtschaftet).

KARTE
Topographische Karte Sonderblatt Allgäuer Alpen L 8, 1:50 000 (BLVA)

Über den anderen Gipfeln des österreichischen Kleinwalsertals – das zwar seit dem 15. Jahrhundert zu Österreich gehört, nach wie vor aber nur von deutscher Seite aus erreicht werden kann – thront sein Wächter: der Große Widderstein. Mit seinen 2533 Metern beherrscht er das Bergpanorama in diesem abgeschiedenen Tal. Er wurde bereits im Jahr 1059 als Widerostein urkundlich erwähnt. Ganz früh ist auch seine touristische Ersteigungsgeschichte anzusetzen: Schon 1669 machte sich der Pfarrer Bickel aus dem obersten Bregenzer Achental auf, um diesen prächtigen Dolomitklotz zu besteigen. Wegen der hervorragenden Aussicht bis hinüber zum Schwarzwald und zur Schwäbischen Alb folgen heute viele dem Beispiel des Pfarrers, obwohl der Gipfelaufbau des Großen Widdersteins nur Geübten vorbehalten ist.

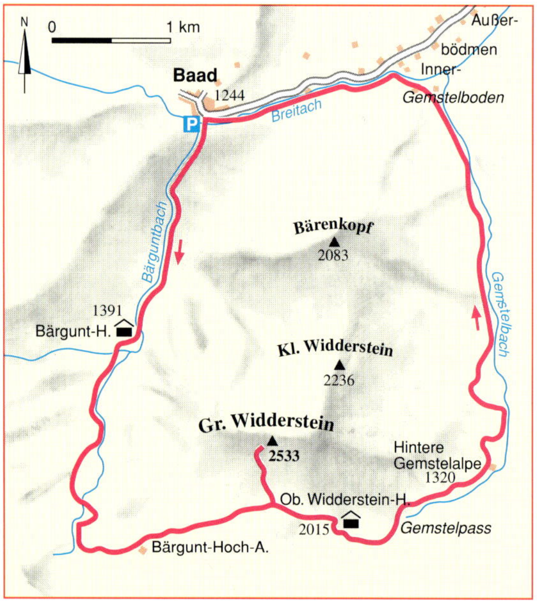

Vom letzten Parkplatz am Talausgang des Bärgunttals wandert man zuerst links über die Holzbrücke, die hier die Breitach überspannt, und schlendert auf einem nur mäßig ansteigendem Alpfahrweg (Ausschilderung Bärgunthütte) das freundliche Bärgunttal einwärts, bis nach einer Gehzeit von einer dreiviertel Stunde die erste Einkehrstelle, die Bärgunthütte, zu einer kleinen Unterbrechung verlockt. Hier im Bärengrund wurde im 19. Jahrhundert der letzte Bär des Kleinwalsertals geschossen. Der weitere Anstieg macht nun seinem Name Ehre, denn man gewinnt tatsächlich an Höhe. Über den rechten Talhang ansteigend, erreicht man schließlich – vorbei an einer verfallenen Zollhütte – den Hochalppass (1938 m). Der Steig Richtung Obere Widdersteinhütte zweigt allerdings kurz vorher nach links ab. Vorbei an der verfallenen Hütte passiert man die im Sommer bestoßene Neue Hochalphütte und strebt nun unaufhaltsam dem massiv aus den grünen Bergmähdern sich aufbauenden Widderstein zu. Links unten sieht man den kleinen Hochalpsee, der Unerschrockenen, die das eiskalte Wasser nicht scheuen, als Badegelegenheit dienen mag. Weiter geht es auf die Südseite, bis links ein Steiglein abzweigt, das leicht ansteigend zur Schlucht führt. Sie trennt die Südwestschulter und den Südgipfel voneinander, und es mahnen einige Gedenktafeln zur Vorsicht. Im Zickzack führt der Weg um die steinschlaggefährdete Schlucht hoch, wobei man sich gut an die roten Farbmarkie-

Der Widderstein ist ein eigenständiges Gebirgsmassiv und zugleich einer der formschönsten Berge der Allgäuer Alpen. Eine Besonderheit seiner Aussicht: Man sieht den Bodensee fast in seiner gesamten Ausdehnung.

In den Tälern rund um den Widderstein wird noch eine intensive Almwirtschaft betrieben.

rungen halten kann. Über einige Eisenstifte quert man eine Rinne und erreicht schließlich den Felskessel oberhalb der Schlucht. Den Steigspuren folgend, geht es hinauf bis zum Westgrat, von dem man überraschende Tiefblicke ins Kleinwalsertal genießen kann. Vom Westgrat dann rechts, zum Teil auf dem Grat und über einige Felsstufen, hinauf zum Gipfelkreuz.
Um die Runde komplett zu machen, steigt man wieder bis zum Fuß des Gipfelaufbaus ab, wo nach links der Steig zur Oberen Widdersteinhütte (2009 m) abgeht. Die bald erreichte Hütte ist bewirtschaftet und ideal für eine ausgiebige Rast, denn alle Höhenmeter sind bewältigt, der Gipfel liegt ebenfalls schon zurück, und es folgt nurmehr der Abstieg durch das Gemsteltal. Über Bergwiesen erreicht man bald den Gemstelpass (1972 m), von dort geht es links haltend hinab – zum Teil über unangenehmes Geröll – zur Obergemstelalpe (1694 m; Unterstand). Weiter führt der Weg zum Gemstelbach hinab, von dort geht es durch eine kurze, gesicherte Klamm und über eine steile Bergstufe ins Gemsteltal, wo man bald auch die Hintere Gemstelhütte (1320 m) erreicht. Der Rest ist gemütliches Dahinschlendern bis nach Mittelberg-Innerbödmen, von wo man mit dem Bus zum Ausgangspunkt zurückkehren kann.

DER LOWA-TIP!

Das Kleinwalsertal hat seinen Namen von den um 1300 aus dem Oberwallis eingewanderten Walsern. Das Walsermuseum in Riezlern (Walserstraße 54) bietet dem Besucher einen interessanten Überblick über die Geschichte, die Kultur und das Brauchtum dieser deutschsprachigen Bergbauern, deren Spuren sich bis in die norditalienischen Täler verfolgen lassen.

Öffnungszeiten: täglich 14–17 Uhr, außer So und österr. Feiertage, Eintritt mit Gästekarte DM 2,–, ohne DM 4,–, Tel. 0 83 29/53 15 34.

15

PARSEIERSPITZE

Aufstieg aus dem Süden

HÖCHSTER PUNKT
Parseierspitze (3036 m)

ANFAHRT
Mit dem Auto: Auf der Inntalautobahn bis zur Ausfahrt Grins und weiter nach Grins (1006 m), 3 km westlich von Landeck.
Mit Bahn und Bus: Bahnhof Pians an der Arlbergbahn im Inntal, ca. 2 km von Grins.
Oder mit dem Postautobus von Landeck (Schnellzugstation) nach Grins.

ZEITDAUER
Grins–Augsburger Hütte ca. $3^1/_2$ Std., weiter auf die Parseierspitze ca. 3 Std., Abstieg 4 Std.; insgesamt $10^1/_2$ Std. Nur mit Hüttenübernachtung sinnvoll.

ANFORDERUNGEN
Alpine Pfade, aber ohne technische Schwierigkeit. Variante durch die Gasillschlucht nicht absolut steinschlagsicher.

HÜTTEN/EINKEHR
Augsburger Hütte, 2289 m (AV-Hütte, von Anfang Juli bis Ende September bewirtschaftet; 67 Lager, 10 Notlager; Tel. 00 43/54 42/6 36 04).

KARTE
Blatt 3/3 Lechtaler Alpen · Parseierspitze, 1:50 000 (AV)

Nicht die Gipfel so bekannter Berge wie Zugspitze, Hochkönig oder Dachstein sind die höchsten Punkte der Nördlichen Kalkalpen, sondern die Parseierspitze in den Lechtaler Alpen. Und als einziger Gipfel dieser Kalkalpen übertrifft sie auch noch die »magische« Dreitausendergrenze – wenn auch nur um 36 Meter. Dieses Herzstück der Lechtaler Alpen ist eine dramatische Berglandschaft, die man kaum auf schlichten, mühelosen Wegen erreichen kann.

Der Aufstieg zur Parseierspitze erfordert in jedem Fall den ausdauernden, meist auch alpinistisch versierten Bergwanderer.
»Wann treffen wir drei wieder zusamm?« – Es sind drei Wege, die auf die Parseierspitze führen, besser gesagt auf den Grinner Ferner, das kleine Firnfeld unterm Gipfelaufbau. Und ähnlich wie die drei Winde in dem Gedicht »Die Brück' am Tay« von Theodor Fontane führt auf den Gipfel ein Weg vom Norden (Spiehlerweg), einer vom Süden (direkter Aufstieg von Grins) und ein dritter – nicht vom Meer – aus dem Westen hinauf (Augsburger Höhenweg).

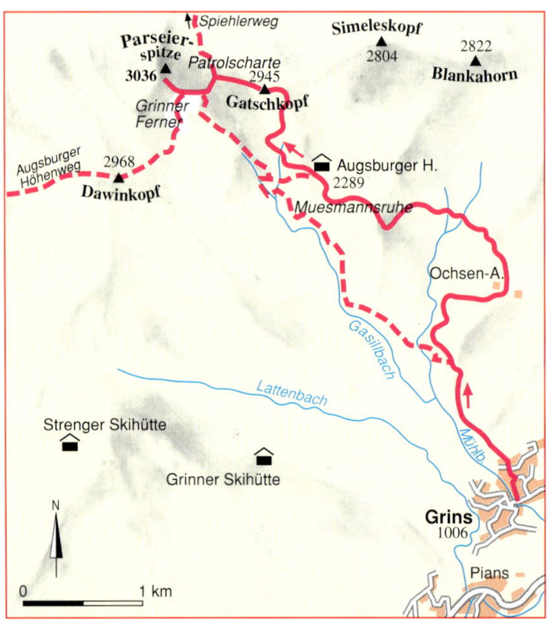

Der Weg von Westen beginnt an der Ansbacher Hütte, und er zählt zu den längsten und anspruchsvollsten Höhenwegen in den Nordalpen. Dieser Aufstieg bleibt den alpin sehr erfahrenen Bergwanderern mit technischer Ausrüstung (nicht selten sind Pickel und Steigeisen erforderlich) vorbehalten.
Von Norden kommt der Spiehlerweg. Er ist der vielleicht schönste und abwechslungsreichste der drei. Von der Memminger Hütte führt er an den lieblichen Seewiseen vorbei, über die Grashänge des Patrol und schließlich nordseitig steil zum Grinner Ferner hinauf. Auch dieser Weg ist nur bei normalen, d. h. günstigen, am besten bei sommerlichen Verhältnissen zu begehen.
Es bleibt der Weg von Süden. Im Unterschied zu den beiden vorgenannten bereitet er keinerlei technische Schwierigkeiten, doch wollen seine stolzen 2000 Höhenmeter auf nur drei, vier Kilometer Horizontalentfernung erklommen sein. Außerdem ist dieser Weg aufgrund der Südlage ziemlich schweißtreibend.
Von Grins aus steigt man durch Wald und Latschenfelder entweder durch die schuttgefüllte Gasillschlucht oder über die Ochsenalm auf die kleine Augsburger Hütte. Im weiteren Verlauf ist der Weg über den Gatschkopf dem durch den oberen Teil der Gasillschlucht vorzuziehen.
Der Gatschkopf ist ein Fast-Dreitausender, auch für Kinder geeignet, mit einer Aussicht, die der von der Parseierspitze in nichts nachsteht. Mit geringem Höhenverlust erreicht man den Grinner Ferner und von hier aus in einer halben Stunde den höchsten Punkt. Der Weg ist nicht schwierig, aber voller Schotter.
Für den Abstieg nach Grins empfiehlt es sich, den Anstiegsweg aus dem Süden zu nehmen.

Die Parseierspitze nimmt für sich den Ruhm in Anspruch, die umfassendste Rundschau in den Nördlichen Kalkalpen zu bieten. Hier der Blick auf den »König« von der Seescharte.

Die Alpenanemone gehört zu den reizvollen und nicht seltenen Gebirgspflanzen.

16 HABICHT

Aus dem reizvollen Gschnitztal

HÖCHSTER PUNKT
Habicht (3277 m)

ANFAHRT
Auf der Brennerautobahn (Maut) aus Richtung Innsbruck bis zur Ausfahrt Matrei/Steinach. Oder auf der alten Brennerstraße von Innsbruck bis zum Ortseingang von Steinach. Hier dem Wegweiser rechts nach Gschnitz folgen. Parkmöglichkeiten im Ort oder ein Stück weiter taleinwärts.

ZEITDAUER
Von Gschnitz zur Innsbrucker Hütte $2^{1}/_{2}$–3 Std., von der Hütte zum Gipfel $2^{1}/_{2}$ Std., vom Gipfel nach Gschnitz 4 Std.; insgesamt 9–$9^{1}/_{2}$ Std.

ANFORDERUNGEN
Nicht sehr schwierige, aber lange und echte hochalpine Bergtour. Bis zur Innsbrucker Hütte auf leichtem Bergsteig, im Gipfelbereich Seilsicherungen vorhanden; kurze Gletscherpassage. Achtung bei Wetterstürzen!

HÜTTE/EINKEHR
Innsbrucker Hütte, 2370 m (AV-Hütte, von Ende Juni bis Ende September bewirtschaftet, 40 Betten, 100 Lager, 20 Notlager; Tel. 00 43/5 27 62 95).

KARTE
WK 241 Innsbruck · Stubai-Sellrain · Brenner, 1:50 000 (Freytag & Berndt)

Der Habicht ist ein Gigant der Stubaier Alpen – ein mächtiger Brocken aus Eis und Urgestein. Ein Berg, der beim ersten Anblick Respekt einflößt – und das mit Recht, angesichts seiner Höhe von 3277 Metern und seiner Nordflanke, die das Steileis des Mischbachferners schaurig-schön garniert. Aber es gibt Wege auf diesen Berg, die nicht allzu schwierig sind und bei bedachtsamem Vorgehen viel Genuss versprechen. Einer davon soll hier vorgestellt werden.

Den Namen Gschnitztal kennen selbst diejenigen, die noch nie dagewesen sind, weist doch in Steinach am Brenner eine Tafel an der Abzweigung von der Brennerstraße in dieses vergleichsweise stille Tal. Aber, wie so oft, ist man immer wieder vorbeigefahren, trotz guter Vorsätze: Man müsste mal … irgendwann ganz bestimmt – und wusste nicht, was man verpasst hat. Und jetzt ist man endlich fast am Ende des Tals, im kleinen Ort Gschnitz, der sich als Ausgangspunkt für die Tribulaune und den Habicht bestens eignet. Von der Kirche 300 Meter taleinwärts zweigt rechts der Weg zur Innsbrucker Hütte ab. In vielen Kehren führt der bezeichnete Weg in zweieinhalb bis drei Stunden zur Innsbrucker Hütte hinauf.
Die ideale Lage dieser Alpenvereinshütte lädt geradezu dazu ein, den Habicht als Zweitagestour anzugehen und beim Auf- oder Abstieg hier zu übernachten. Denn schließlich ist der Höhenunterschied groß: 2000 Meter liegen zwischen Gschnitz und dem Gipfel. Von der Innsbrucker Hütte führt ein markierter Steig zunächst südwestwärts zu einer felsigen Gratrippe. In vielen Kehren geht es nun empor; der Steig ist vielfach drahtseilgesichert. Insgesamt ist der Aufstieg zwar nicht besonders schwierig, aber im schrofigen Urgesteingelände ist doch Vorsicht geboten. Nach Erreichen der östlichsten Ecke des Gipfelaufbaus kommt das schönste und heikelste Wegstück, auf dem der kleine, hier flache Habichtferner überquert wird – wer nicht vom Hauptpfad abweicht, hat nichts zu befürchten. Wer freilich glaubt, den Gletscherfirn beim späteren Abstieg als willkommene Rutschbahn benutzen zu können, sollte das lieber unterlassen, denn die Firnflanken brechen steil über Felsen hinab – auf dem Weg bleiben, lautet also die Devise einmal mehr. Nach der kurzen Gletscherpassage erreicht man über Blockwerk den 3277 Meter hohen Gipfel des Habichts, einen einzigartigen Aussichtsthron inmitten einer grandiosen Bergwelt. Und zu Füßen liegt einem die kühne Eisflanke des Mischbachferners, die sich wie ein weiß und bläulich schimmernder Teppich zum Tal hinabstreckt. Von der Hütte bis zum Gipfel ist man zweieinhalb Stunden unterwegs – wer zeitig aufgebrochen ist, hat nun genügend Muße, hier oben zu verweilen, zu schauen und zu genießen. Und vielleicht später die Beine in den kühlen Gschnitzbach zu halten – nach so einem Gipfel und dazu 2000 Meter Abstieg eine willkommene Erfrischung!

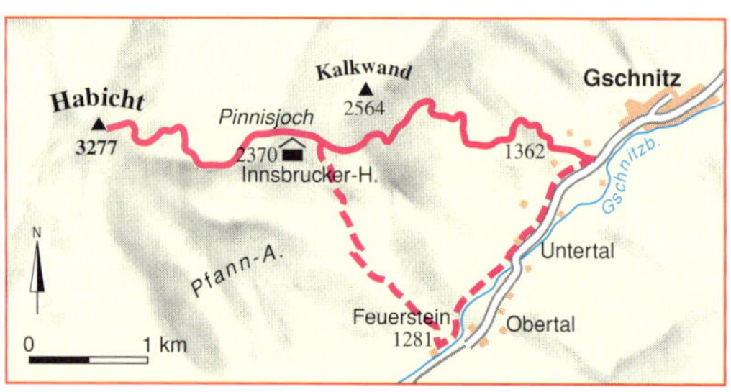

Der Habicht – hier vom Pinnisjoch gesehen – ist der erste touristisch bestiegene Berg der Stubaier Alpen. Der Anstieg ist nicht schwierig, neben einem Firnfeld sind jedoch einige ausgesetzte Passagen zu meistern.

Die Innsbrucker Hütte ist ein idealer Stützpunkt für eine Besteigung des Habicht.

17

PIZ SESVENNA

Auf eine stille Größe

HÖCHSTER PUNKT
Piz Sesvenna (3204 m)

ANFAHRT
Über die Reschenpassstraße nach Glurns, dann rechts und weiter nach Taufers im Münstertal. Im Ort Parkmöglichkeit. Oder in Taufers hinter dem Gemeindeamt rechts Richtung Petnal, gleich wieder links in den Mühlenweg (links steht das Feuerwehrhaus) und über den Avignaweg Richtung Avignatal. Die schmale Straße endet nach etwa 1,3 km, dann einen Schotterweg bis auf 1600 Meter hinauf; dort parken.

ZEITDAUER
Taufers i. M.–Pravierthütte 2 1/2 Std. (bei Anfahrt auf 1600 m 1 1/2 Std.), Pravierthütte–Piz Sesvenna 2 1/2 Std.; Anstieg 4 bzw. 5 Std.; insgesamt 7 bzw. 8 Std.

ANFORDERUNGEN
Der Anstieg von Taufers zur Pravierthütte erfolgt überwiegend auf schmalem Fahrweg; der Gipfelanstieg auf markiertem Bergpfad. Lediglich im Gipfelbereich Trittsicherheit, Schwindelfreiheit und etwas Orientierungssinn erforderlich. Im Gegensatz zum Anstieg ist der Weg von der Sesvennahütte gletscherfrei.

HÜTTE/EINKEHR
Auf dem Weg sind in den Hütten Manglitzalm (1836 m) und Mitteralm (2024 m) Erfrischungen erhältlich. Pravierthütte, 2121 m (CAI, Selbstversorgerhütte, ganzjährig geöffnet 5 Lager).

KARTE
Blatt 5017 Unterengadin, 1:50 000 (Landeskarte der Schweiz)

Abseits aller üblichen Routen liegt ein kleines Gebirge, das in der Regel nur Skibergsteigern ein Begriff ist – die Sesvennagruppe. Der geologische Aufbau eines Teils dieser Gruppe hat ihr sogar die Bezeichnung Engadiner Dolomiten eingebracht. Zwischen den Südtiroler Bergen und dem Inntal gelegen, hält die Sesvennagruppe noch einen Dornröschenschlaf, obwohl selbst ihr höchster Gipfel, der Piz Sesvenna (3204 m), auch für Wanderer erreichbar ist.
Den Namen Sesvenna führen Sprachforscher auf das lateinische sax venae (Fels mit Erzader) zurück, denn früher wurde in S-charl nach Erz geschürft.

Auf der Nordseite des Piz Sesvenna befindet sich ein nicht unbeträchtlicher Gletscher, über den im Winter die Skiroute führt. Auch wenn in der Literatur die abfällige Bemerkung auftaucht, dieser Gipfel sei nur ein »Schotterhaufen«, so sei doch mit Verlaub angemerkt: Auf wie viele Berge dieser Höhe träfe diese Charakterisierung nicht ebenfalls zu?
Das Gipfelpanorama, das sich vom Piz Sesvenna bietet, ist jedenfalls unvergleichlich. Weite Teile der Engadiner Berge, die Ortleralpen, die Ötztaler Berge sind zu bewundern. Falls man nicht mit dem Auto angereist ist, hat man die Möglichkeit, dem Wirtschaftsweg auf einen streckenweise parallel führenden Fußweg auszuweichen. Anschließend geht es auf dem langsam ansteigenden Hüttenweg weiter. Vorbei an der Manglitzalm (1836 m) und der Mitteralm (2024 m) erreicht man nach zweieinhalb Stunden Gehzeit von Taufers die Pravierthütte (2121 m), an dem gleichnamigen See gelegen, unterhalb des S-charlöchls (2296 m), das die Grenze zur Schweiz markiert. Von der Hütte geht man in nördlicher Richtung (rechts) weiter auf die steile Südseite des Piz Sesvenna zu. Der markierte Pfad führt in ziemlich direkter Linie steil hinauf bis unterhalb des Ostgrats. Weiter geht es links durch weiterhin steiles Gelände auf den Grat. Auf ihm führt der Weg durch eine interessante Felsblocklandschaft bis hinauf zum Gipfel.

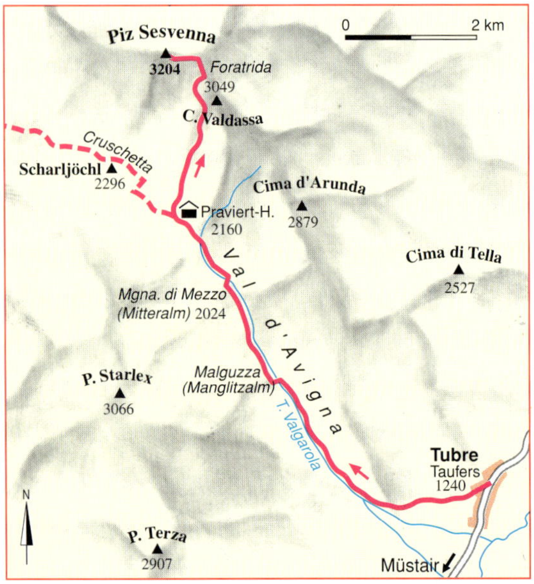

VARIANTE

Der Anstieg aus dem Engadin beginnt im Weiler S-charl (1810 m) im gleichnamigen Tal, das über eine schmale Fahrstraße von Scuol erreichbar ist. Im Ort gibt es drei Gasthäuser mit Betten und Touristenlagern, die von Ende Mai bis Ende Oktober bewirtschaftet sind. Von S-charl zur Pravierthütte benötigt man knapp zwei Stunden.

DER LOWA-TIP!

Ein Abstecher über die Grenze ins schweizerische Müstair (1247 m) bringt uns die bündnerische Kulturlandschaft nahe. Eine Sehenswürdigkeit ersten Ranges ist das Benediktinerinnenkloster in Müstair, das auf eine Gründung Karls des Großen zurückgeht und mittlerweile von der UNESCO in die Liste der Weltkulturgüter aufgenommen wurde. Informationen erhalten Sie über das Tourismusamt Val Müstair, Tel. 00 41/81/8 58 55 66.

Der einsam gelegene Piz Sesvenna ist von mehreren Seiten ersteigbar.

18 HOHER KASTEN

Freier Blick ins Rheintal

HÖCHSTER PUNKT
Stauberenchanzlen (1860 m)

ANFAHRT
Von Zürich über St. Gallen nach Appenzell bzw. von Norden am Grenzübergang St. Margrethen Richtung Altstätten und weiter nach Appenzell (Bahnstation). Von dort nach Brülisau (922 m) zur Talstation der Seilbahn auf den Hohen Kasten (5 km von Appenzell). Parkplatz bei der Kirche; von Appenzell Postbusverbindung.

ZEITDAUER
Brülisau–Hoher Kasten 2½ Std. (bzw. Auffahrt mit der Seilbahn), Übergang zur Saxer Lücke über Stauberen 3 Std., Abstieg zum Fälensee knapp ½ Std., Rückweg über Sämtisersee nach Brülisau 2 Std.; insgesamt 8 Std. (bei Fahrt mit der Seilbahn entsprechend kürzer).

ANFORDERUNGEN
Höhenwanderung auf guten Bergsteigen mit Aussicht. Trittsicherheit und Schwindelfreiheit erforderlich. Einige Stellen sind drahtseilgesichert.

HÜTTE/EINKEHR
Gasthaus Ruhsitz, 1368 m (privat, ganzjährig bewirtschaftet, Übernachtungsmöglichkeit). Restaurant bei der Bergstation (1795 m) der Seilbahn. Gasthaus Stauberen, 1750 m (privat, von Juni bis Oktober bewirtschaftet, Übernachtungsmöglichkeit, Tel. 0041/71/7991177). Gasthaus Bollenwees, 1520 m (privat, von Juni bis Oktober bewirtschaftet, Übernachtungsmöglichkeit, Tel. 0041/71/7991170). Gasthof Plattenbödeli, 1279 m (privat, von Juni bis Oktober bewirtschaftet, Übernachtungsmöglichkeit, Tel. 0041/71/7991152).

KARTE
Blatt 227 Appenzell, 1:50 000 (Landeskarte der Schweiz)

Das Appenzeller Land ist vor allem wegen seines Käses bekannt – seine Berge sind es weniger. Bekannt ist wahrscheinlich auch kaum, dass im Gebiet um den Säntis der Zugang zum Aufbau des Gebirgsstocks durch eine ganz besondere Naturlandschaft führt. Am Hohen Kasten wurde 1971 der erste geologische Lehrpfad in der Schweiz eröffnet. Nicht nur Fachleute, sondern auch interessierte Laien bekommen beim Wandern eine Kurzeinführung in geologische Phänomene.

Der geologische Lehrpfad mit seinen 14 Informationstafeln beginnt bei der Bergstation der Seilbahn, die von Brülisau hinauf fährt. Er führt

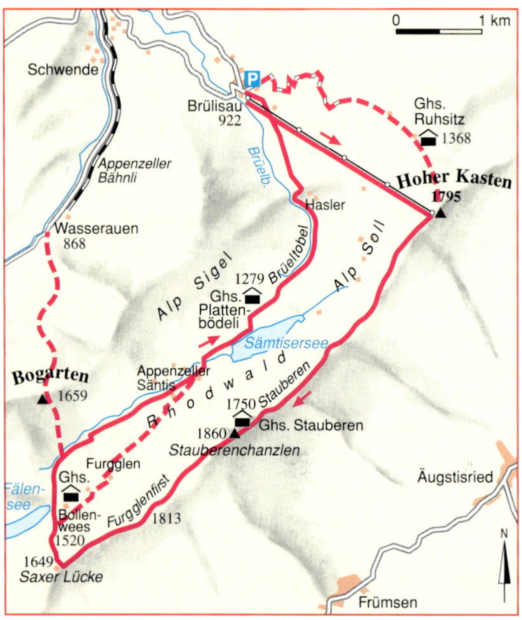

über Stauberen zur Saxer Lücke. Der Wanderweg – als solchen kann man ihn, trotz einiger gesicherter Stellen, durchaus bezeichnen – verläuft ausgeschildert in südöstlicher Richtung auf bzw. etwas unterhalb der zerklüfteten Gratlinie auf der Westseite des Kamms. Von der Bergstation (1795 m) zuerst links haltend in Serpentinen hinab, dann rechts um einen Felsaufbau herum und zum Kastensattel (1678 m).
Bei der Wegverzweigung geht es wieder links und auf dem Grat – mit einem schönem Tiefblick ins Rheintal – über die Wänneli und Stauberen genannten Gratabschnitte zum Gasthaus Stauberen (1745 m), wo man die Möglichkeit hat, zum Sämtisersee abzusteigen. Vom Gasthaus führt der Weg weiter Richtung Südwesten und rechts um die auffällige Felsgestalt der Stauberenchanzlen (1860 m) herum in eine Scharte. Dann geht es steil, aber gesichert ein Stück hinab und wieder hinauf, wo sich ein reizvoller Blick auf den Fälensee eröffnet.
Der Weiterweg führt quer, immer unterhalb des Furgglenfirsts, am Hochhus (1926 m) vorbei, bis man nach einem steilen Abstieg die Saxer Lücke (1649 m) erreicht hat.
Von dort führt rechts ein Steig zum Gasthaus Bollenwees (1470 m) am Fälensee hinab, das man in 20 Minuten erreicht. Vom Gasthaus kann man entweder auf einem Fahrweg über die Alp Furgglen und den Sämtisersee nach Brülisau gehen, oder man wandert bei Bollenwees links am Fälensee entlang und steigt auf dem Wanderweg am Fuß der Widderalpstöck hinab. Man hält sich dann immer rechts und gelangt über die Almen Rheintaler Sämtis (1295 m) und Appenzeller Sämtis (1246 m) ebenfalls zum Sämtisersee.

Vom Kasten bietet sich ein phantastischer Blick in das Rheintal im Osten. Im Westen fängt man die Appenzeller Berge in einer grandiosen Rundschau ein.

Informationstafel am geologischen Wanderweg am Hohen Kasten.

VARIANTE

Etwa 700 Meter vom Ostufer des Fälensees entfernt zweigt vom Rückweg in Richtung Brülisau links ein Steig ab; er führt uns über den Bogarten ins Tal des Schwendibachs. Unterhalb des Bogartenfirsts gelangt man zu einer Wegverzweigung (1433 m), dort geht man nach links, 200 Meter tiefer wieder rechts und gelangt schließlich nach Wasserauen (868 m). Von dort sollte man unbedingt das Appenzeller Bähnli nehmen. Eine Fahrt mit diesem nostalgischen Zug mit Dampflok talauswärts gibt dem Bergausflug auf den Hohen Kasten einen gemütlichen Abschluss.

DER LOWA-TIP!

In Appenzell wird alljährlich am letzten Sonntag im April die Landsgemeinde abgehalten, eine Versammlung, bei der öffentlich über gemeindeinterne Angelegenheiten verhandelt und abgestimmt wird. Diese Veranstaltung hat Volksfestcharakter – viel fröhliches Brauchtum wird gepflegt und urige Appenzeller Streichmusik gespielt.

Informationen:
Tourismusamt Appenzell,
Tel. 00 41/71/7 88 96 41

19 EGGISHORN

Überm größten Alpengletscher

HÖCHSTER PUNKT
Eggishorn (2926 m)

ANFAHRT
Mit dem Auto: Über Furka- oder Grimselpass oder aus dem Rhonetal nach Betten im Goms; von dort Seilbahn auf die autofreie Bettmeralp.
Mit der Bahn: Mit der Furka-Oberalp-Bahn von Brig (SBB) oder Chur (Rhätische Bahn) bis zur Haltestelle Betten.

ZEITDAUER
Bettmeralp–Kühboden 1 Std., (Seilbahn Kühboden–Eggishorn), Bergstation Eggishorn–Gipfel–Abstieg Märjelesee 2 Std., Märjelesee–Bettmergrat 2 Std. (Talfahrt mit Gondel von der Bergstation Bettmerhorn nach Bettmeralp); insgesamt 5 Std. reine Gehzeit.

HÜTTE/EINKEHR
Gletscherstube am hoch gelegenen Märjelesee (2343 m). Panoramarestaurant Bettmerhorn (2643 m). In Bettmeralp und Kühboden befinden sich mehrere Gasthöfe mit Übernachtungsmöglichkeit.

KARTE
Blatt 264 Jungfrau, 1:50 000 (Landeskarte der Schweiz) oder Wanderkarte Aletschgebiet und Unteres Goms, 1:25 000 (Kümmerly + Frey)

Zur berühmten Aussichtspyramide Eggishorn mit dem phantastischen Rundblick kann man bequem hinaufgondeln. Den Wanderer, der zu Fuß bergab geht, erwartet ein steiler Abstieg, und wer dann die 500 Abstiegsmeter klaglos überwunden hat, genießt nach nostalgischer Erinnerung an entschwundene arktische Märjelesee-Melancholie einen Tophöhenweg von gepflegter Breite durch baumlose Hochgebirgshänge – hoch über dem Aletschgletscher.

Riederalp und Bettmeralp auf dem Aussichtsbalkon zwischen Aletschgletscher und Walliser Hochalpen bieten für einen Urlaubsaufenthalt viel. Da ist das Schweizer Naturschutzzentrum in der Villa Kassel mit dem großartigen Naturschutzgebiet Aletschwald, da ist auch das Alpmuseum in der Alphütte Nuguschbalmu. Unter den 150 Kilometern bestens gebahnter Hochgebirgswege wählt der begeisterte Bergwanderer schließlich die Route über Eggishorn–Märjelesee–Bettmergrat.

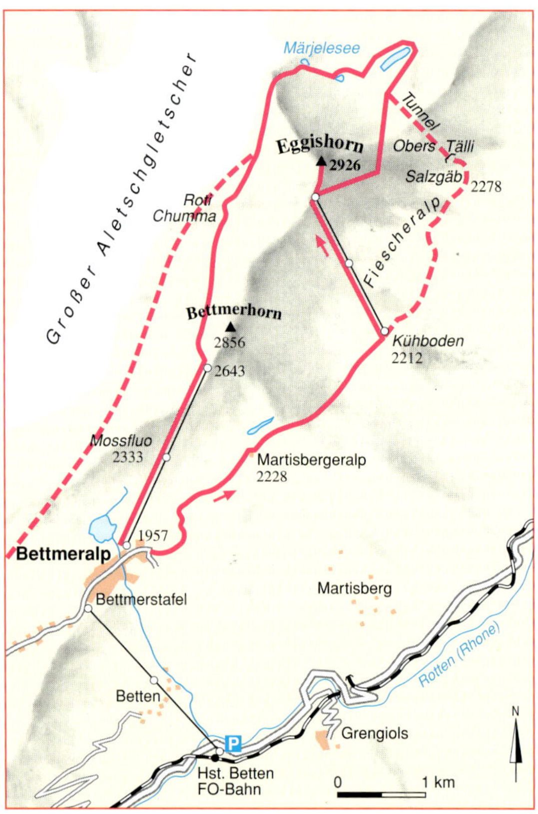

Nach kurzem Anstieg aus dem sympathischen Feriendorf Bettmeralp mit seinen einladenden Restaurants führt das Fahrsträßchen nach Kühboden und bequem an der bewirtschafteten Furihütte und dem Wurznbord vorbei. Vom Seilbahn- und Liftzentrum Kühboden pflegt man gewöhnlich mit der Bahn zum Eggishorn emporzuschweben. Oben geht es dann noch ein letztes Stück zu Fuß auf gutem Weg über den Grat zum bekannten Aussichtsgipfel – diesem echten Höhepunkt zwischen den Berner und Walliser Alpen.

Seit es Reisen in die Schweiz gibt, konkurriert das Eggishorn auf der Hitliste alpiner Panoramaplätze mit Rigi und Gornergrat. Und mehr noch als diese beeindruckt es mit einem richtigen Gipfelgefühl. Verstärkt wird dieser Eindruck noch durch das Abstiegserlebnis über 250 steile Höhenmeter der Ostflanke zum Tälligrat hinunter. Nach nochmals 250 Metern hat man sich unten an den Märjeleseen die erste Rast ehrlich verdient. Man kann im Restaurant Gletscherstube am Damm des obersten Sees einkehren, oder man macht Picknick irgendwo zwischen Wollgras, rund geschliffenen Felshöckern und spiegelnden Wasserflächen – trotz etlicher Gruppen von Wanderfreunden ist in der Seenmulde Platz genug. Der von den frühen Alpentouristen so gerühmte Reiz arktischer Landschaft ist freilich längst dahin. Es treiben keine Eisberge mehr im Wasser, und wer Eis sehen will, muss schon weit zum Gletscher mit seinem Hintergrund aus wilden Granitspitzen hinüber schauen.
Aus der Seenmulde leiten Steintreppen zu einer Wegkanzel hinauf, von wo sich ein prächtiger Blick ins hinterste Gletschergebiet bietet – hier wird wohl jeder stehen bleiben! Breit gebahnt zieht nun die vorbildliche Weganlage durch die felsdurchsetzten Hänge der Westflanke des

Am Gipfel des Eggishorns, das einen hervorragenden Platz unter den Aussichtsgipfeln der gesamten Alpen einnimmt, sitzt der Bergfreund wie auf einem Balkon. Tief unterhalb windet sich der größte und längste Gletscher der Alpen hinaus ins Tal der Rhône.

Wie überall in der Schweiz weist auch hier die hervorragende Ausschilderung den Weg.

Eggishorns. Tief drunten unter der Trasse des Gletscherwegs liegt der graunarbige, gerippte Eisstrom des Aletschgletschers mit seinen zwei dunklen Moränenbändern. Jenseits des von Eis ausgeschürften Gletschertrogs zieht das Aletschhorn (4195 m) mit seinem Gefolge den Blick auf sich. Am Roti Chumma zweigt ein Weg ab, führt weiter zur Mossfluo und schließlich zur Riederalp. Mit dem Gletscherweg hingegen beginnt der Endspurt. Zwischen Blockwerk steigt er über geschlichtete Stufen kurzweilig durch einen Rasenhang empor. Wenn es hier allenthalben grünt und blüht, meint man durch einen großen Alpengarten zu wandern.

Das Ende des Aufstiegs kann man nicht sehen. Erst ganz oben am Kamm erreicht man kurz hinter dem Sammelwegweiser die Bergstation der Bettmerhornbahn. Ob bei der Brotzeit im Glaspavillon des Panoramarestaurants oder erst bei der Talfahrt mit der Seilbahn nach Bettmeralp – der sagenhafte Blick auf die Walliser Alpen ist ein ständiger Begleiter bei dieser Panoramatour.

20 PILATUS

Zur schönsten Aussicht der Zentralschweiz

HÖCHSTER PUNKT
Esel, 2120 m
(Tomlishorn, 2128 m)

ANFAHRT
Mit dem Auto: Von Norden über die Autobahnen N 1, N 2 bzw. N 4 Richtung Luzern bis zur Ausfahrt Hergiswil (449 m) am Westufer des Vierwaldstätter Sees, dort am Bahnhof parken; oder – wenn man den Anstieg über die Ostseite verkürzen und nicht nach Alpnachstad absteigen (bzw. abfahren) will – mit dem Auto zum Weiler Brunni (825 m) und dort parken. Weiter mit der Luftseilbahn bis zum Berggasthaus Alpgschwänd (1216 m). Oder von Hergiswil durch den Tunnel zum Alpnacher See nach Alpnachstad (452 m); dort bei der Talstation der Zahnradbahn parken (Betrieb: Mitte Mai bis Anfang November)
Mit der Bahn: Von Zürich nach Luzern und weiter nach Hergiswil oder Alpnachstad.

ZEITDAUER
Anstieg von Hergiswil bzw. Alpnachstad auf Pilatus-Kulm jeweils 4 Std., im Abstieg jeweils knapp 3 Std.; insgesamt 7 Std. je Route oder für die gesamte Überschreitung (bei Benutzung der Zahnradbahn entsprechend weniger). Der kurze Gipfelanstieg von Pilatus-Kulm auf den Aussichtspunkt Esel dauert nur 10 Min.

ANFORDERUNGEN
Gut markierte, leichte Wanderwege, allerdings zuweilen steil. Der Anstieg von Pilatus-Kulm auf den Esel erfolgt auf einem gemauerten und durch Geländer gesicherten Weg.

HÜTTE/EINKEHR
Berggasthaus Alpgschwänd, 1216 m (privat, ganzjährig bewirtschaftet, 8 Betten, 22 Lager; Tel. 00 41/41/3 20 14 14).
Hotel Pilatus-Kulm, 2070 m (privat, ganzjährig bewirtschaftet, 80 Betten;
Tel. 00 41/41/6 30 15 55).

KARTE
Blatt 245 Stans, 1:50 000 (Landeskarte der Schweiz) oder Wanderkarte Luzern und Umgebung, 1:60 000 (Kümmerly+Frey)

Das Wahrzeichen von Luzern, der Pilatus, trug im Mittelalter noch den lateinischen Namen »Fractus Mons«, was so viel wie zerbrochener Berg bedeutet. Das Bergmassiv hat tatsächlich keinen Hauptgipfel, sondern mehrere Gipfelchen, von denen der Esel (2120 m) wohl der bekannteste ist. Die weiteren Erhebungen wie Oberhaupt, Tomlishorn, Mittagsgüpfi oder Matthorn weisen nur geringe Höhendifferenzen auf. Einen Gipfel Pilatus gibt es nicht, doch ist die Panoramasicht vom Pilatus-Kulm, der Gipfelplattform, wo sich die beiden Bergbahnen sowie alle Wege treffen, auf den ebenfalls vielverzweigten Vierwaldstättersee spektakulär und auf jeden Fall ein Erlebnis.

Der heute gebräuchliche Name Pilatus ist im Jahr 1433 zum ersten Mal nachgewiesen und hat sich seit dem Ende des 15. Jahrhunderts durchgesetzt. Er geht auf eine Legende zurück, nach der der römische Statthalter Pontius Pilatus in einem kleinen See auf der Westseite des Bergs begraben liegen soll. Seitdem soll der Geist des Verstorbenen sein Unwesen treiben. Im Mittelalter verbot der Rat der Stadt Luzern den Besuch des Pilatussees (der heute verlandet ist) unter Androhung von schweren Strafen, und damit war auch die Begehung des Bergmassivs nicht möglich. Manchen Bergfreunden käme so ein Verbot vielleicht auch heute gelegen, denn der Berg gehört zu den besterschlossenen Gipfeln der Zentralschweiz. Neben der Zahnradbahn, die seit 1899 in Betrieb ist und in Alpnachstad startet, verkehrt auch eine moderne Luftseilbahn, die von Kriens auf der entgegengesetzten Seite hinauffährt. Eine Fahrt mit der alten Pilatuszahnradbahn ist ganz sicher aufregend, denn sie gilt mit 48 Prozent Steigung als steilste Zahnradbahn der Welt.

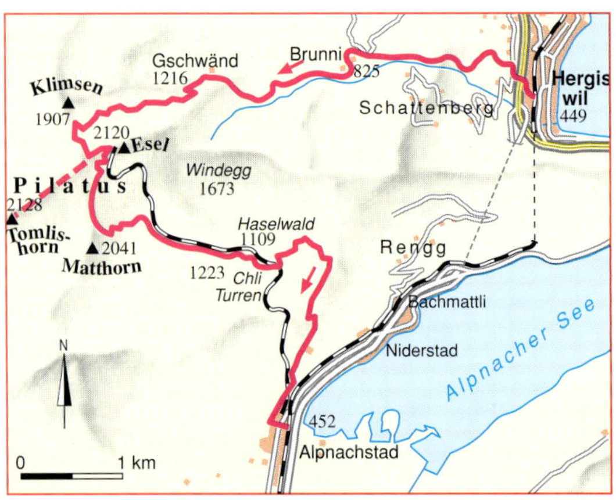

Die beiden Hauptwanderwege auf den Berg – neben zahlreichen anderen aus allen Himmelsrichtungen – beginnen in Hergiswil bzw. Alpnachstad und treffen sich auf der Gipfelplattform Pilatus-Kulm. Diese beiden Wege lassen sich ideal zu einer Rundtour verbinden; zwischen den jeweiligen Ausgangsorten fährt der Postbus oder das Schiff. Alle Wege sind hervorragend instand

Der Blick vom Pilatus über den Vierwaldstätter See gehört zu den beeindruckendsten in der gesamten Innerschweiz. Der buchtenreiche See wird eingerahmt von einer vielgestaltigen Bergwelt: Am jenseitigen Ufer dominiert der berühmte Rigi, dahinter erheben sich die Glarner Alpen.

Die auffällig gestaltete Bergstation der Pilatusbahn mit dem Esel, einer der Gipfelerhebungen dieses Bergmassivs.

gehalten und ausgeschildert und eignen sich für jeden Bergwanderer, der gut zu Fuß ist; lediglich im Gipfelbereich gilt es, steile Serpentinen zu bewältigen. Das einzige Problem sind die doch beachtlichen Höhenunterschiede von über 1600 Metern. Vom Panoramarestaurant lässt sich dann die klassische Aussichtswarte, der Esel (2120 m), auf gemauertem und gesichertem Weg in 10 Minuten ersteigen. Auch einen Gang durch die Felsengalerie sollte man nicht versäumen. Sie wurde in das Oberhaupt geschlagen und ermöglicht phantastische Tiefblicke auf die Stadt Luzern.

VARIANTE

Von der Gipfelplattform Pilatus-Kulm (2063 m) führt ein asphaltierter Weg, der mit einem Geländer gesichert ist ($1\frac{1}{2}$ Std.), zum Tomlishorn (2128 m), dem höchsten Gipfel des Bergmassivs. Wie von den anderen Gipfel hat man auch von diesem nach Westen zurück versetzten Kulminationspunkt eine exzellente Aussicht.

DER LOWA-TIP!

Eine Anfahrt von Luzern mit den Schiffen der historischen Dampfschiffflotte ist ein ganz besonderes Erlebnis. Während der Monate Juni bis September verkehren die Boote ab ca. 8 Uhr mehr oder minder stündlich bis etwa 19 Uhr; nur bei einigen Fahrten kommen die »echten« Dampfschiffe zum Einsatz. Im Winter (21. Okt. bis 27. März), Frühling (28. März bis 31. Mai) und Herbst (23. Sept. bis 20. Okt.) gelten andere Fahrpläne. Achtung: Nicht alle Schiffe legen auf der Rundtour Luzern–Stansstad–Alpnachstad (Talstation der Zahnradbahn)–Luzern in Hergiswil an (dort beginnt der Fußweg).

Auskünfte über den Einsatz der Dampfschiffe:
Tel. 00 41/41/3 67 66 10;
Tel. Dampfschiffflotte
00 41/41/3 67 67 67

ALMWAN-DERUNGEN

Bergbauernkultur zum Erwandern, Erkundung der Natur – und eine deftige Bewirtung für den Bergsteiger.

Die Kühroint-Alm (links) am Watzmann. Almwirtschaft (links) spielt dort heute keine Rolle mehr.

Früher stiegen nur die Bauern auf steilen Wegen hinauf, heute kommt der Wanderer nicht nur auf den alten Pfaden zu den Almen. Auch wenn heute viele verschwunden sind, einige zu veritablen Gaststätten umgewandelt wurden – Almen vermitteln nach wie vor Ursprünglichkeit und Naturnähe. Sie sind ein eigener kleiner Kosmos inmitten einer oft wilden Bergwelt, die uns zum Träumen, zur beschaulichen Rast und zur Brotzeit einladen. Und manchmal bieten die Almen auch noch etwas Geschichtsunterricht. Einige der hier vorgestellten Kaser und Alpen haben mittlerweile bereits musealen Charakter oder sind – wie in Graubünden – steinerne Zeugen einer allmählich im Verschwinden begriffenen bäuerlichen Wirtschaftsweise.

21 BINDALM

Ein Refugium historischer Almkultur

HÖCHSTER PUNKT
Bindalm (1117 m)

ANFAHRT
Autobahn Salzburg bis zur Ausfahrt Piding, dann weiter auf der Bundesstraße über Bad Reichenhall oder Unterjettenberg in die Ramsau. Dann immer westwärts bis zum letzten großen Parkplatz westlich des Hintersees.

ZEITDAUER
Vom Hintersee zur Bindalm und zurück 4 Std.

ANFORDERUNGEN
Nicht schwierige, aber lange Wanderung. Auf Fahrweg oder Fußweg am Klausbach entlang.

HÜTTE/EINKEHR
Brotzeit in der Bindalm erhältlich. Am Beginn der Wanderung befindet sich das Gasthaus Auzinger.

KARTE
Topographische Karte L 4, Berchtesgadener Alpen 1:50 000 (BLVA)

Mehr als 300 Jahre bevor Berchtesgaden mit der Gründung des Augustiner-Chorherrenstifts 1105 ins Licht der Geschichte trat, tauchten aus dem Dunkel seiner Vorgeschichte schon die Namen zweier Almen auf: Götschenalm und die Alm am Larosbach. Noch heute sind die Rundumkaser – eine typische Bauform – ehrwürdige Zeugen eines baugeschichtlichen Prozesses, der bis tief ins Mittelalter zurück reicht. Diese Berchtesgadener Almkultur kann man als lebendiges Museum auf der Bindalm entdecken.

Der Weg zur Bindalm – auf ausgeschildertem Sträßchen oder Weg vom Hintersee – führt durch hochstämmigen lichten Wald in eine uralte Almregion am Fuße des historischen Hirschbichlpasses, in der die letzten Zeugnisse der heimischen Almkultur bewahrt geblieben sind. Besondere Verdienste um die Erhaltung der letzten Rundumkaser hat sich die Verwaltung des Nationalparks Berchtesgaden erworben. Auf der Bindalm wurde 1978 zunächst der Baldramkaser von 1686 vor dem bevorstehenden Verfall gerettet; die irreparable äußere Blockwand des Umadumstalls mußte erneuert werden. Zwei der ehemals vier Kaser waren damals bewirtschaftet und sind es noch heute. Im Jahr 1979 wurde nach einem spektakulären Hubschraubertransport der verfallene Schiedkaser von der entlegenen Feldalm am Funtensee hier wieder aufgebaut. Um das in Blockbau gezimmerte Kasstöckl ist anstelle eines geschlossenen Umadumstalls ein gedeckter, von Baumstämmen gestützter Umgang unter dem allseits weit ausladenden Vordach ausgeführt worden. Dieser einzige noch erhaltene offene Rundumkaser, ein hypothetisches Bindeglied zwischen dem spätmittelalterlichen Hüttl und dem Rundumkaser, ist als bauliches »Leitfossil« erhalten geblieben. Baldramkaser und Schiedkaser, zwei musealisierte Originale mit altem Inventar, stehen neben zwei anderen bewirtschafteten Kasern – ein bisher nirgends erreichtes Ziel, zwei Exponate mit dem Leben heutiger Almwirtschaft zu erfüllen, und dies vor der herrlichen Felskulisse der Reiter Alm! Die Bindalm wurde so zum einzigartigen Refugium von vier Exemplaren eines selten erhaltenen Denkmaltypus an historischem Standort. Als 1996 einer der vier Kaser abbrannte, wurde er nach altem Vorbild wieder aufgebaut und ebenfalls mit Legschindeln eingedeckt. Die Almsiedlungen dehnen sich hier in Höhenlagen zwischen 600 bis 2000 Metern aus. Gefährliche Wege, für die sie oft einen Tag brauchten, mussten die Bauern mit dem Vieh zurücklegen. Daneben gab es die Bergmahd-Heuernte auf Steilhängen, die für das Vieh unerreichbar waren. So befindet sich beispielsweise das Watzmannlabl, ein Steilgrashang zwischen Fels und Geschröf, in extremster Lage und ist nur mit Kletterei Grad II zu erreichen. Die Almen wurden hier nur für wenige Monate, gewöhnlich von Juli bis September, die höchstgelegenen sogar nur für drei bis vier Wochen bestoßen, denn das dreistufige System von Niederleger, Mittelleger und Oberleger war hier stark ausgeprägt.

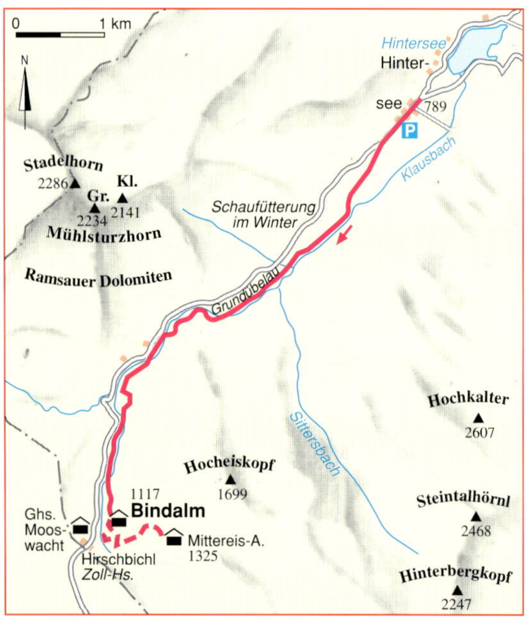

Die Bindalm am oberen Ende des Klausbachtals ist heute ein »lebendiges« Museum, das heißt die Almen werden bewirtschaftet, stehen aber unter Denkmalschutz. Im Hintergrund die Felsen der Ramsauer Dolomiten.

Eine offene Feuerstelle wie sie auf den Almen früher üblich war.

VARIANTEN

Man kann die Wanderung von der Bindalm aus noch zum historischen Grenzpass Hirschbichl erweitern (ca. 1/2 Std.). Dort ist im Gasthaus Mooswacht eine Einkehr möglich. Über diesen Pass führten bis ins 19. Jahrhundert hinein die Salztransporte in den Pinzgau und nach Tirol.
Oder man macht noch einen Abstecher auf die idyllische Mittereis-Alm. Sie ist von der Bindalm in einer halben Stunde zu erreichen.

DER LOWA-TIP!

Am Eingang ins Klausbachtal kann man sich in der neu geschaffenen Informationsstelle der Nationalparkverwaltung Tips zu Wandermöglichkeiten, zu Flora und Fauna und zu den ökologischen Aufgaben und Problemen des Nationalparks Berchtesgaden holen. Im Winter sind die regelmäßig durchgeführten Wildfütterungen im Klausbachtal (20 Min. Fußmarsch vom Parkplatz) eine viel besuchte Attraktion.

Informationen:
Nationalparkverwaltung,
Tel. 0 86 52/9 68 60

22 KÖNIGSALM

Wo schon König Max I. zu Kur weilte

HÖCHSTER PUNKT
Königsalm, 1114 m (Schildenstein, 1613 m)

ANFAHRT
Autobahn Salzburg, Ausfahrt Holzkirchen. Dann über Gmund und Bad Wiessee nach Kreuth und weiter zum Parkplatz Schießstätte an der Achenseestraße (ca. 2 km hinter Kreuth). Weitere Parkmöglichkeiten entlang der Achenseestraße.
Von Rottach-Egern ist auch eine Anfahrt mit dem Bus möglich.
Wählt man die Variante über den Almfahrweg, parkt man bei der Winterstube bzw. bei der Klamm.

ZEITDAUER
Anstieg über die Geissalm zur Königsalm $1\frac{1}{2}$ Std. (Anstieg zum Schildenstein weitere $1\frac{1}{2}$ Std.); Abstieg durch die Wolfsschlucht 2 Std., Abstieg über den Almfahrweg zum Parkplatz Klamm $1\frac{1}{4}$ Std.; insgesamt $2\frac{1}{2}$–5 Std., je nach Routenwahl.

ANFORDERUNGEN
Almwege bzw. Bergsteige. Der Abstieg durch die Wolfschlucht erfordert Trittsicherheit und Schwindelfreiheit (einige Seilsicherungen).

HÜTTE/EINKEHR
Königsalm, 1114 m (privat, während der Almsaison einfach bewirtschaftet, Dienstag Ruhetag, keine Übernachtung möglich). Evtl. Siebenhüttenalm, 836 m (privat, von Mai bis Oktober bewirtschaftet, Dienstag Ruhetag, keine Übernachtung).

KARTE
Topographische Karte Mangfallgebirge L 12, 1:50 000 (BLVA)

Die Königsalm ist eine »königliche« Alm – König Max I. Joseph erwarb sie 1817 aus dem Nachlass des säkularisierten Klosters Tegernsee –, heute befindet sie sich im Besitz des Herzogs Max in Bayern. Die zur Alm gehörende Käserei und der Stall sind bauliche Raritäten. Alljährlich im September pilgern zwar keine Herrschaften mehr hinauf, aber Heerscharen von Wanderern kommen zur Alm-Kirta auf die Königsalm, um sich am Bier des Tegernseer Hofbräus zu laben.

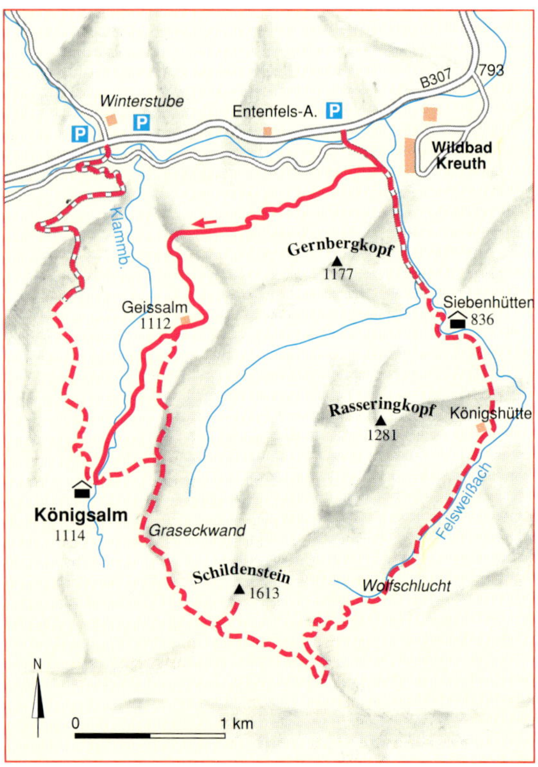

Zu den Erwerbungen von König Max I. gehörte auch das Alte Bad mit der Badkapelle am Fuß des Hohlensteins. Der König belebte den eingestellten Badebetrieb wieder und ließ von 1820 bis 1826 neue Badegebäude errichten. Die Königliche Molken- und Badanstalt Kreuth bot die damals beliebten Molkekuren an, wie sie in den Schweizer Alpen üblich waren. Bereits im Jahr 1818 ließ König Max auf der Königsalm das Käsereigebäude, das sogenannte Kavaliershaus, ebenfalls nach Schweizer Vorbild errichten. Vom Parkplatz an der Achenseestraße wandert man zuerst auf einem Almfahrweg Richtung Wildbad Kreuth bzw. Siebenhütten, bis rechts der Wanderweg zur Geissalm abzweigt. Durch Wald geht es zuerst nur leicht, dann jedoch immer steiler ansteigend zur Geissalm (1112 m) hinauf, wo früher die Geissen gehalten wurden, die die Molke für die Badeanstalten lieferten. Kurz hinter der heute nicht mehr bestoßenen Alm zweigt rechts der Weg zur Königsalm ab. Noch ein kurzes Stück geht es durch Wald, dann durch die Almwiesen weiter, über den Klammbach und hinauf zur Alm mit 46 Meter langen, immer noch mit Schindeln gedeckten Stallgebäuden. Auf der Königsalm, die früher Kaltenbacher Alm hieß, weil sie zum Gut Kaltenbach am Nordende des Tegernsees gehörte, lässt es sich bei einer herzhaften Brotzeit gut einkehren.

VARIANTEN

Der Besuch der Königsalm kann natürlich auch mit einer Gipfelbesteigung abgeschlossen werden. Einziges, aber sehr reizvolles Ziel ist dabei der Schildenstein (1613 m). Der Steig beginnt bei der Königsalm. Man quert den Klammbach in östlicher Richtung und wandert über die Almwiesen hinauf zum Graseck. Dort wendet man sich nach rechts und steigt am Waldrand entlang den breiten

Kamm hinauf zum Sattel (1536 m) zwischen Schildenstein und Platteneck. Bald darauf zweigt nach links ein Weg ab, der über schrofiges Gelände hinauf zum Gipfel des Schildensteins führt (1 1/2 Std. ab Königsalm).
Der Abstieg erfolgt entweder über den Anstiegsweg, wobei man vom Graseck direkt zur Geissalm hinabsteigt. Die andere – etwas schwierigere – Variante führt durch die Wolfschlucht. Dabei kehrt man zurück zum Sattel unterhalb des Schildensteins und geht links auf dem Höhenweg weiter, der Richtung Halserspitze führt. Der erste Abzweiger nach links führt zur Wolfsschlucht hinab. Ihre Qzerung wird aber nur Trittsicheren und Schwindelfreien empfohlen (einige Seilsicherungen sind vorhanden). Die Felsweißach entlang geht es über Siebenhütten hinaus zum Parkplatz an der Achenseestraße.
Als weitere Abstiegsroute eignet sich der Almfahrweg. Man wandert von der Königsalm rechts – zuerst etwas ansteigend – über die buckligen Almwiesen Richtung Nordwesten und gelangt auf breitem, aber steilem Fahrweg zum Parkplatz Klamm. Entlang der Weißach zurück zum Ausgangspunkt.

DER LOWA-TIP!

Man sollte im Winter einmal mit dem Schlitten wiederkommen, denn der Almfahrweg vom Parkplatz Klamm Richtung Königsalm ist dann Naturrodelbahn. Hier wurde 1984 die Rodelweltmeisterschaft abgehalten; entlang der Strecke stehen noch die Zeitnehmerhäuschen.

Die Königsalm mit dem sogenannten Kavaliershaus und dem ungewöhnlich langen Stallgebäude.

23 THAURER ALM

Über den Dächern von Innsbruck

HÖCHSTER PUNKT
Vintlalm, 1556 m (Kaisersäule, 1701 m, Haller Zunterkopf, 1965 m)

ANFAHRT
Von der Inntalautobahn über Hall oder Innsbruck-Ost nach Rum; von dort der Beschilderung zum Rechenhof folgen; bei der Wegkreuzung 7 Wege parken oder kurz zuvor bei den Tennisplätzen.

ZEITDAUER
Parkplatz–Vintlalm 2 Std., Vintlalm–Thaurer Alm 1/2 Std., Thaurer Alm–Parkplatz 1 1/2 Std.; insgesamt 4 Std. Mit Abstecher zur Kaisersäule 1 1/4 Std. länger.

ANFORDERUNGEN
Bergwanderung ohne alpinistische Ansprüche, Trittsicherheit stellenweise vorteilhaft, vor allem bei Nässe.

HÜTTE/EINKEHR
Vintlalm, 1556 m (private Jausenstation, im Sommer bewirtschaftet). Thaurer Alm, 1464 m (private Almwirtschaft, im Sommer voll bewirtschaftet, im Herbst an Wochenenden, 10 Lager).

KARTE
WK 333 Innsbruck und Umgebung, 1:25 000 (Freytag & Berndt)

Das Inntal und seine Hänge kennen viele nur von kurzen Seitenblicken auf der Durchfahrt zu anderen Zielen. Dabei ist das Inntal ein gutes Wandergebiet mit vielen schönen Aussichten. Dazu kommt, dass hier wegen der geschützten Lage oft noch gutes Wetter herrscht, wenn es anderswo bereits regnet. Die beschriebene Tour lässt sich wegen ihrer geringen Dauer gut mit einer Stadtbesichtigung von Innsbruck oder Hall verbinden.

Auf dem Adolf-Pichler-Weg geht es zunächst ein Stück nach Osten Richtung Thaur. Sobald sich links eine Lichtung auftut, zweigt man ab und folgt einem Weg, der diese Lichtung zur Hälfte umrundet, bis er – gegenüber von einem Bauernhof – nach links in den Wald führt. Jetzt erst geht es richtig bergauf. Gleich nachdem man auf einen Fahrweg trifft, verzweigt sich dieser: Nach rechts leitet ein Weg direkt zur Thaurer Alm hinauf, für den Rundweg aber, der viel reizvoller ist, muss man sich links halten. Dieser Weg führt, zunehmend schmaler werdend, zur Vintlalm. Nach seinem steilen Schlussstück kommt eine Rast gerade recht. Und dabei kann man auch den Weiterweg Richtung Osten studieren. Er führt zuerst über einige Kehren bergab, quert danach einen weiten Hang und gelangt schließlich zu einem kleinen Sattel links neben dem Thaurer Rosskopf. Von dort dauert es nur noch wenige Minuten, bis man die etwas tiefer gelegenen Thaurer Alm erreicht hat. Hier bei schönem Wetter auf der Terrasse Kasknödel zu essen und dabei die Aussicht auf die Tuxer, vor allem aber auf die Stubaier Alpen zu genießen, ist ganz bestimmt ein Höhepunkt dieser Tour. Beim Abstieg folgen wir zunächst dem Versorgungssträßchen der Alm. Bald nachdem dieses vor dem Thaurer Rosskopf nach links ausgewichen ist, zweigt rechts (ziemlich unscheinbar) ein kleiner Pfad ab. Er führt ein kurzes Stück bergauf, bald danach aber umso steiler bergab. Wenn man später auf eine Forststraße trifft, verfolgt man diese nach rechts, um sie bald darauf wiederum nach rechts zu verlassen. So gelangt man zur anfangs erwähnten Weggabelung (Thaurer Alm/Rundweg) und damit zum ersten Abschnitt der Wanderung. Hier nimmt man den Aufstiegsweg wieder zurück zum Ausgangspunkt.

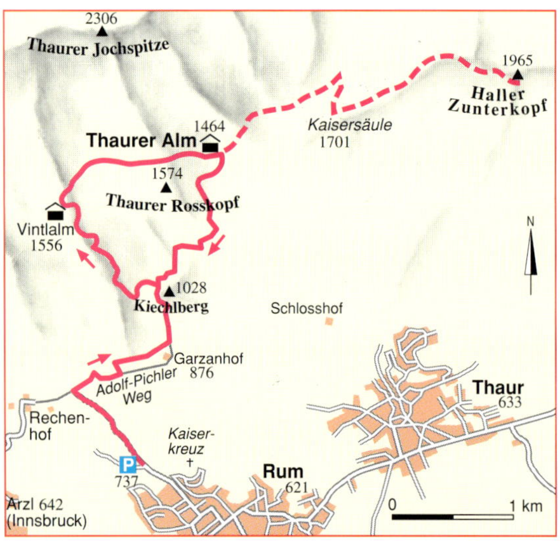

VARIANTE

Wem die Tour erst mit einem kleinen Gipfelerfolg voll abgerundet erscheint, der kann über die Kaisersäule noch den Haller Zunterkopf (1965 m) besteigen. Von der Thaurer Alm benötigt man dazu eineinviertel Stunden.

DER LOWA-TIP!

Von der Thaurer Alm kann man einen gut halbstündigen Abstecher zur Kaisersäule (1701 m) unternehmen, einer ungewöhnlichen Steinpyramide, die zur Erinnerung an den Besuch von Kaiser Franz I. im Jahr 1815 errichtet wurde.

Die Thaurer Alm an der steilen Almweide unterhalb der Pfeiser und Thaurer-Joch-Spitze. Von hier bietet sich eine weite Rundsicht über die Stadt Innsbruck.

Das Knabenkraut, eine bis zu 30 Zentimeter hoch wachsende Pflanze, gedeiht vor allem auf Bergwiesen.

24

HIRSCHALPE

Zum Hausberg der Hindelanger

HÖCHSTER PUNKT
Hirschalpe, 1493 m (Spieser, 1649 m)

ANFAHRT
Autobahn München–Lindau, dann Abzweiger nach Kempten bis zur Ausfahrt Oy/Mittelberg, auf der Deutschen Alpenstraße bis Oberjoch; im Dorf großer Parkplatz (gebührenpflichtig). Oder auf der serpentinenreichen Straße nach Hindelang (parken beim Gasthof Letzter Heller). Oberjoch kann auch mit dem Bus von Hindelang erreicht werden.

ZEITDAUER
Oberjoch–Hirschalpe 1 Std., Abstecher zum Spieser 1 Std., Rückweg nach Oberjoch 1/2 Std. Anstiegsvariante durch den Hirschbachtobel 1 3/4 Std.; insgesamt 2 1/2 Std. (von Hindelang knapp 4 Std.).

ANFORDERUNGEN
Von Oberjoch breiter Wanderweg, zuletzt asphaltiertes Fahrsträßchen. Der Anstieg auf den Spieser erfolgt auf einem Bergsteig, ist nach Nässe aber ziemlich unangenehm. Der Anstieg durch den Hirschbachtobel setzt Trittsicherheit und Schwindelfreiheit voraus.

HÜTTE/EINKEHR
Hirschalpe, 1493 m (privat, ganzjährig bewirtschaftet, außer im November, April und den ersten Wochen im Mai; kein Ruhetag; keine Übernachtungsmöglichkeit).

KARTE
Topographische Karte Allgäuer Alpen L 8, 1:50 000 (BLVA)

Hindelang, der Talort dieses Ausflugs in die Bergwiesen der Allgäuer Alpen, hat in den letzten Jahren den sanften Tourismus betrieben. Ein Gebiet von über vier Fünftel dieser Gemeinde steht mittlerweile unter Landschafts- und Naturschutz. Das Modell Natur&Kultur gilt als beispielhaft in den gesamten Alpen. 86 Hindelanger Bauern haben sich verpflichtet, ihr Vieh auf den Weiden zu reduzieren, das Futter nahezu ausschließlich selbst zu erzeugen und auf künstlichen Dünger zu verzichten. Tourismus und Bergbauernwirtschaft sollen eine harmonische Verbindung eingehen, die auch das Überleben der Bauern sichern soll. Ein Ergebnis dieser Bemühungen sind die blühenden Bergwiesen rund um Hindelang, die besonders von den Wanderern geschätzt werden. Vor allem in den Monaten Juni und Juli verwandelt sich die Landschaft – besonders im Bereich der Hirschalpe und des Hirschbergs – in ein Dorado für Bergblumenfreunde.

Die Hirschalpe auf der Südseite des Spiesers ist ein beliebtes Ziel – gerade auch für Wanderer, die gemütliches Gehen, saftige Bergwiesen und ein Bergpanorama zu schätzen wissen. Auf der Terrasse der Hütte lässt es sich beim Brotzeitteller und hausgemachter Hirschsalami genüßlich rasten. Der schnellste Zugang zur Hirschalpe erfolgt von Oberjoch auf einem schönen Panoramaweg. Ein erster Höhepunkt auf dem Weg zur Alpe ist der Aussichtspunkt Ifenblick. Im letzten Teil der Wanderung geht es dann auf der von rechts aus Hindelang kommenden Almstraße in zahlreichen Serpentinen bis zur Hirschalpe hinauf.

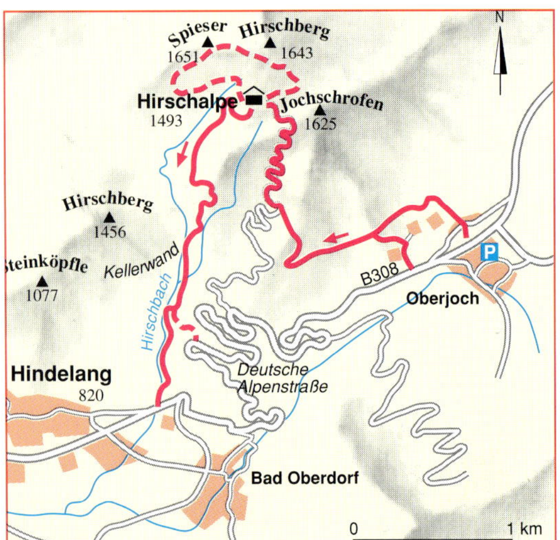

Falls genügend Zeit zur Verfügung steht, sollte man sich die Durchwanderung des Hirschbachtobels nach Hindelang hinunter auf keinen Fall entgehen lassen. Auf dieser Route wandert man an 14 Informationstafeln vorbei, die einen Einblick in die Gesteinsbildung vermitteln. Was seine geologische Schichtung betrifft, gilt der Hirschbachtobel als eine Ausnahmeerscheinung in den Allgäuer Alpen.

Von der Hirschalpe wandert man zuerst Richtung Westen zum Bergkreuz der Hirschbergalpe, bis kurz dahinter links ein Grasrücken Richtung Hirschbachtobel zieht. Auf diesem dann, den Pfadspuren folgend, auf steilen Serpentinen hinab; bei der Wegverzweigung auf felsigem Weg nach links und schließlich in steilen Kehren in den wilden Tobel hinab – eine Urlandschaft mit Wasserfall und abbrechenden Bergflanken. Vom Grund des Tobels dauert es nur noch eine halbe Stunde, bis man Hindelang wieder erreicht hat.

Die am Spieser, dem Hausberg der Hindelanger, gelegene Hirschalpe hat das ganze Jahr über Zulauf. Der schnellste Weg beginnt am Oberjoch.

Der Schwalbenwurzenzian ist ein prächtig anzuschauendes Gewächs. Enzianschnaps wird davon aber nicht gebrannt, dafür ist der gelbe Enzian zuständig.

VARIANTE

Ist schon die Wanderung von Oberjoch reich an Aussichten, so stellt die kleine Gipfelwanderung auf den Spieser (1651 m) den Höhepunkt dieser schönen Bummeltour in den Vorbergen des Allgäus dar. Das Panorama bilden alle großen Gipfel der Allgäuer Alpen wie Hochvogel, Widderstein, der Hohe Ifen, der Allgäuer Hauptkamm und die Tannheimer Berge.
Von der Hirschalpe geht man zuerst rechts hinauf in den Sattel zwischen Jochschrofen und Spieser. An diesem Sattel wendet sich der Weg nach links, und es geht über den locker bewaldeten Südosthang hinauf zum Gipfel des Spiesers ($^{1}/_{2}$ Std.). Ihn krönt ein großes Gipfelkreuz. Für den Abstieg hält man sich auf dem abgeflachten Bergkamm Richtung Westen und wandert links wieder zur Hirschalpe hinab.

DER LOWA-TIP!

Wer mit »Familie« unterwegs ist, kann seinen Nachwuchs auf einem beschilderten Familienwanderweg erfreuen. Über 13 Kilometer führt ein spannender Achterbahnkurs, mit verschiedenen Spielgeräten bestückt, über Bärweg, Vaterlandsweg, vorbei an Bad Oberdorf, Hindelang, über den Weiler Gailenberg (Einkehrtip: Gailenberger Stuben) zurück nach Vorderhindelang.

Informationen:
Kurverwaltung Hindelang,
Tel. 0 83 24/8 92 20 mit
Blütentelefon 0 83 24/8 92 21

25

GREVASALVAS

Die Maiensäße der Bergbauern von Soglio

HÖCHSTER PUNKT
Blaunca (2037 m)

ANFAHRT
Von St. Moritz im Oberengadin weiter in Richtung Malojapass bis Plaun da Lej, etwa in der Mitte der Strecke am Nordufer des Silser Sees, 1799–1815 m. Dort Parkmöglichkeit.

ZEITDAUER
Gemütliche Halbtagswanderung, Anstieg und Abstieg 2 Std.

ANFORDERUNGEN
Leichte Wanderung auf Fahrwegen mit geringen Steigungen.

HÜTTE/EINKEHR
Unterwegs keine.

KARTE
Blatt 268 Julierpass, 1:50 000 (Landeskarte der Schweiz)

Das System der Almwirtschaft ist in den verschiedenen Regionen der Alpen teilweise sehr unterschiedlich ausgeprägt. Eine ausgesprochen intensive Nutzung aller nur verfügbaren Weideflächen hat sich in den Hochgebirgslagen der Schweiz entwickelt – hier wurde das System der Temporärsiedlungen mit letzter Konsequenz ausgebaut. In Graubünden unterscheidet man Alpen (im altbairischen Sprachgebrauch Almen), Maiensäße und Vorwinterungen. Im Frühjahr und Herbst, also in der Zeit zwischen der winterlichen Stallfütterung und dem hochsommerlichen Weidegang, zogen vor kurzem auch die Bergbauern aus Soglio im Bergell mit ihrer gesamten Familie über den Malojapass auf ihre alten Maiensäße in der Gemeinde Sils. Diese beiden uralten »Sommerdörfer« liegen in landschaftlich großartiger Lage am Fuß des 2932 Meter hohen Piz Grevasalvas hoch über dem Silser See, mit Blick auf die Firnfelder und Gletscher der Bernina.

Ein enges, nur mäßig steiles Sträßchen führt vom Nordufer des Silser Sees in westlicher Richtung durch die schmale Waldstufe hinauf in die uralte Weideregion mit ihren interessanten Behausungen, den teilweise noch spätmittelalterlichen Turmhäusern. Die frühesten erhaltenen Beispiele werden um 1200 entstanden sein, die spätesten wahrscheinlich erst im 17. Jahrhundert. Diese einzigartigen baulichen Fossile sind heute natürlich vielfach verändert und in einem Konglomerat späterer Zu- und Anbauten oft nahezu unkenntlich geworden. Auch auf Blaunca stand ursprünglich nur ein einziges Turmhaus, das heute noch in einem Baukomplex von späteren Anbauten erhalten ist. Das unterste Geschoss ist mit einer Feuerungsanlage versehen; das zweite Geschoss bildete die Schlaf-/Wohnküche; das Dachgeschoss diente wohl nur als Vorratsraum. Faszinierend sind auch die Bauten auf dem tiefer gelegenen größeren Maiensäß Grevasalvas (1941 m). Wuchtige, aus Felsbrocken gefügte Mauerwerkbauten, verwitterte Holzblockhäuser, teilweise von späterem Gemäuer ummantelt; in der Mitte des Dörfchens der ehemals gemeinsame Brunnen. An den Bauten finden wir sogar Schmuckmotive, Zeichen und Bilder heidnischen Aberglaubens. In einfachster Pseudo-Sgraffitotechnik haben Senner oder Bergbauern unbeholfene Ziermuster um eines der schießschartenähnlichen Fenster gemalt. Die vorwiegend in Graubünden verbreiteten Maiensäße sind Übergangsformen zwischen den Talhöfen und den eigentlichen Alpen. Häufig schiebt sich zwischen das vom Dauerwohnsitz aus bewirtschaftete Heimgut und das Maiensäß noch eine Übergangsstufe ein, die gebietsweise Vorwinterung genannt wird. Ein Maiensäß besteht aus einem etwa eine Wegstunde über der Talsiedlung gelegenen Komplex von Mähwiesen, die Privatbesitz sind und die an die öffentliche Weide angrenzen oder wenigstens ein Wegrecht zu ihr haben. Auf der Grenze zwischen den privaten Wiesen und der öffentlichen Weide – bald diesseits, bald jenseits – stehen die privaten Viehställe. In ihnen wird das Vieh mit dem Heu der zugehörigen Wiesen, hauptsächlich in der Zeit vor Weihnachten, gefüttert und in den Übergangszeiten vor und nach der Alpsömmerung, besonders von Mitte Mai bis Mitte Juni, auf die öffentliche Weide gelassen. Auf den Maiensäßen nährte man also das Vieh teils durch Weide-

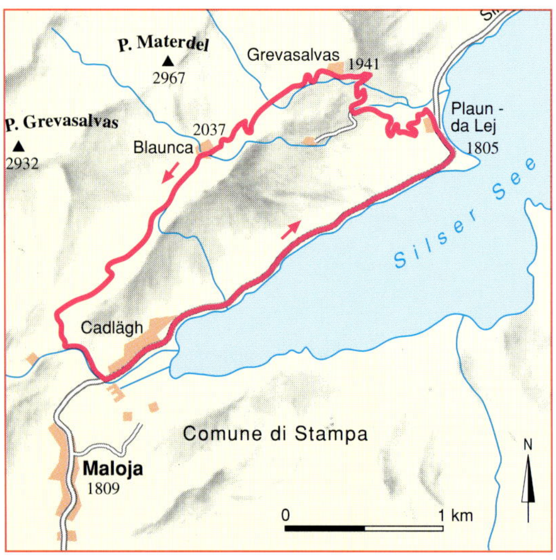

Die alten Maiensäße in Graubünden – Grevasalvas ist eine davon – sind teilweise hunderte von Jahren alt und in ihrer Substanz nahezu unverändert. Sie haben noch dörflichen Charakter und sind Vorstufen zu den höher gelegenen Alpen.

Blick von der Maiensäße Blauncas – oberhalb von Grevasalvas – auf den Silser See.

gang, teils durch Stallfütterung. Heute bewirtschaften nur noch einige wenige Familien aus Soglio die beiden Maiensäße. Es wird wohl am Niveau der inzwischen hier angesiedelten Liebhaber dieser bäuerlichen Kultur liegen, ob aus den beiden Maiensäßen eine belanglose und öde Ferienhauskolonie wird oder ob sich auf Blaunca und Grevasalvas der Zauber historischer Baukultur bewahren läßt.

VARIANTE

Der Ausflug in die schweizerische Weideregion lässt sich idealerweise auch zu einer Rundtour verbinden, wobei der Anstieg zur Grevasalvas und Blaunca auf der Fahrstraße, der Abstieg nach Maloja auf einem Bergwanderweg erfolgt. Das letzte Stück führt entlang der Straße bzw. mit dem Linienbus zurück zum Ausgangsort.

KLETTER-STEIGE

Eisenwege für Bergwanderer: beliebt und geschmäht – ein ungebrochener Boom.

Der Klettersteig am Mitterhorn über den »Nackten Hund« (links) ist ein kurzes, aber reizvolles Abenteuer. Herbststimmung (rechts) beim Anstieg zur Schmidt-Zabierow-Hütte.

Die ursprüngliche Form der gesicherten Wege im Gebirge war nicht für die heutzutage große Schar von Klettersteigenthusiasten gedacht. Vielmehr erleichterten sie die Zustiege zu den Kletterrouten oder dienten als militärische Versorgungswege. In den letzten Jahrzehnten hat sich ein regelrechter Boom entwickelt. Trotz teilweise großer Bedenken wurden und werden immer neue Eisenwege angelegt. Die Faszination erklärt sich aus der Tatsache, dass für den durchschnittlichen Bergsteiger nicht zugängliche Bergregionen »spielend« erreicht werden können. Drahtseile, Leitern, Klammern sichern den Weg, der trotz alledem natürlich Schwindelfreiheit und manchmal etwas Kraft voraussetzt.

26 HANS-HERNLER-STEIG

Luftige Klettersteige über dem Traunsee

HÖCHSTER PUNKT
Traunstein (1691 m)

ANFAHRT
Autobahn Salzburg–Linz bis zur Ausfahrt Regau, dann nach Gmunden (Bahnhof) oder Traundorf, von hier auf schmalem Sträßchen (ca. 5 km) bis zum Parkplatz nahe der Jausenstation Moaristidl.

ZEITDAUER
Aufstieg über Naturfreundesteig und Traunsteinhaus bis zum Gipfel 3–4 Std., Abstieg über Gmundner Hütte und Hernlersteig 3 Std.; insgesamt 6–7 Std. (auch in umgekehrter Richtung).

ANFORDERUNGEN
Beide Klettersteige mäßig schwierig, z.T. sehr luftig, Hernlersteig einfacher. Am Hernlersteig ca. 300 m Drahtseil, am Naturfreundesteig ca. 600 m Drahtseil. Weniger Geübte sollten nur mit Klettersteigausrüstung oder am Seil eines versierten Begleiters gehen.

HÜTTE/EINKEHR
Traunsteinhaus, 1580 m (TVN-Hütte, von Ostern bis Ende Oktober an Wochenenden ab Freitag bewirtschaftet, 10 Betten, 60 Lager; Tel. 0 76 12/50 10; mobil: 0043/ 6 76/4 13 99 52).
Gmundner Hütte, 1661 m (AV-Hütte, Anfang Juli bis Ende September bewirtschaftet; im Mai, Juni und Oktober nur an den Wochenenden und Feiertagen, 2 Betten, 48 Lager; Tel. 00 43/6 63/9 17 61 68).

KARTE
WK 282 Attersee-Traunsee · Höllengebirge · Mondsee-Wolfgangsee 1: 50 000 (Freytag & Berndt)

Das Salzkammergut ist in der Vorstellung des Bergsteigers eine idyllische Voralpenlandschaft: traumhaft schöne Seen zwischen dicht bewaldeten Hügelketten mit einzelnen Felszacken, gut erschlossene Aussichtsberge, an beschaulichen Gestaden verträumte Städte mit malerischen Winkeln, Einkehrmöglichkeiten in den Jausenstationen bei gehaltvollen Speisen – und über allem liegt ein Hauch von »leben und leben lassen«. In dieses Klischee passt eigentlich gar kein Klettersteig – aber lassen wir uns überraschen!

Die Zufahrt zum östlichen Steilufer des Traunsees lässt eher an Segeln, Surfen und Wasserski als an Klettern denken. Für den Aufstieg wählt man mit Vorteil den schattigen Hernlersteig, der schon bald in den dichten Hochwald der Kaltenbachwildnis empor führt. Der felsige Wandfuß ist schnell erreicht und wird über lange Eisenleitern überwunden. Abwechslungsreiche, gut gesicherte Waldwege führen zunächst weiter durch Hochwald, dann durch Latschen zu einer Felskanzel, von der sich der erste Blick auf das schimmernde Firnfeld des Dachsteins auftut. Felsige, drahtseilgesicherte Rinnen führen bis zum flachen Grat, ein Latschenpfad leitet zum nahen Gipfelkreuz hinüber. Der Rundblick vom Gipfelplateau nach Norden erinnert an die bekannten Ausblicke von den Vorbergen des Allgäus, des Werdenfelser Landes oder des Chiemgaus. Die beiden urgemütlichen Hütten nahe unterm Gipfel befriedigen alle leiblichen Bedürfnisse und dies mit Tiefblick auf den See und Fernblick auf den Dachstein.

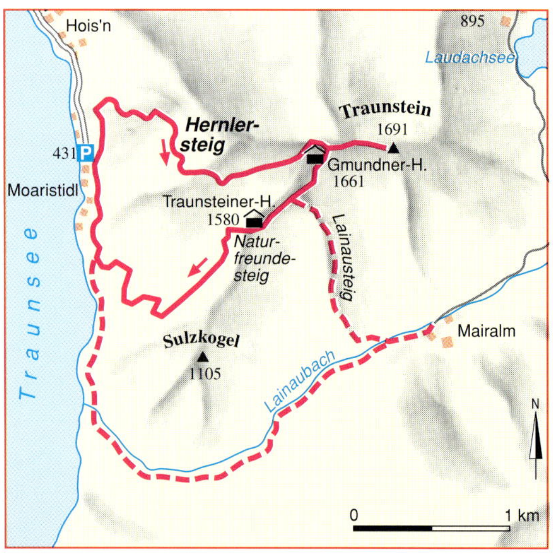

Den Überraschungseffekt aber erlebt man auf dem bekannteren Naturfreundesteig, besonders im Abstieg (falls man nicht die einfache Variante über den Lainausteig bevorzugt). Schon nach wenigen Minuten geht's hinab durch ein Felstor. Wie durch das marode Portal einer mittelalterlichen Burgruine blickt man 1000 Meter tief auf den dunkelblauen Wasserspiegel des Traunsees hinunter – schneeweiße Boots- und bunte Surfsegel gleiten lautlos über die sanften Wellen, deren Kämme im Nachmittagslicht aufleuchten. Der weitere Abstieg mit Blick südwärts rückt die Firnfelder des Dachsteins in stets neue Perspektiven. Schließlich führt der Steig abwechslungsreich wieder in den Schatten des Hochwalds, einzelne Sichtschneisen geben immer wieder stimmungsvolle Tiefblicke auf den See frei. Stetig luftiger werdende Bänder in den grasigen Hängen lassen den nahen Steilabbruch ahnen. Geschickt angelegte Leitern an unerwarteten Felspassagen sorgen für weitere Überraschun-

gen und lassen die Spannung noch einmal steigen; dass die Stahlseile an dicken Baumstämmen festgezurrt sind, ist zwar vernünftig, aber recht ungewohnt.
Schließlich schlängelt sich der Pfad an den Rand der letzten großen Felsstufe heran, und man blickt bald auf die Wipfel haushoher Fichten herab.
Eine Reihe langer luftiger Leitern ermöglicht den Abstieg über den fast senkrechten Felsfuß des Traunstein. Am Ufer des Sees lockt Kaffeeduft in eine gemütliche Jausenstation, und bald ist man von typischer k. u. k.-Salzkammergut-Stimmung umfangen.

DER LOWA-TIP!
Kulturbeflissene sollten unbedingt das malerisch gelegene Traunkirchen am Westufer des Traunsees besuchen. Dort befindet sich nämlich eine barocke Pfarrkirche, und in der kann sich der Interessierte die berühmte Fischerkanzel anschauen. Sie ist weltweit eine der wenigen, die den Auftrag Jesu an Petrus: »Von nun an sollst du Menschenfischer sein« zum Kunstwerk ausgestaltet zeigt.
Sehenswert in Traunkirchen sind ebenfalls Friedhof und Kalvarienberg sowie die Michaels- und Johannesbergkapelle.

Am Naturfreundesteig: Beim Abstieg öffnet sich ein überraschender Blick hinab auf den Traunsee.

27 ALPSPITZE

Über Leitern zum grandiosen Gipfel

HÖCHSTER PUNKT
Alpspitze (2628 m)

ANFAHRT
Auf der Garmischer Autobahn bis zu ihrem Ende, dann auf der Bundesstraße weiter nach Garmisch-Partenkirchen (700 m), im Ortsteil Garmisch zur Osterfelderbahn (ausgeschildert) mit Parkplatz. Oder mit der Zugspitzbahn zum Bahnhof Kreuzeckbahn.

ZEITDAUER
Von der Bergstation über die »Via ferrata« zum Gipfel 1 1/2–2 Std.; Abstieg Nordwandsteig 2 Std.; insgesamt 4 Std.

ANFORDERUNGEN
Gesicherte Klettersteigroute mit Seilen, Klammern, Leitern und sogar Tunnels. Im An- und Abstieg auch wegen der Höhe ernst zu nehmende Bergtour. Helm unabdingbar, Klettersteigsicherung – vor allem bei Mitnahme von Kindern – unbedingt notwendig. Schwindelfreiheit und absolute Trittsicherheit erforderlich.

HÜTTE/EINKEHR
Kioskbetrieb an der Bergstation. Beim Abstieg zum Kreuzeck Kreuzeckhaus, 1652 m (AV-Hütte, ganzjährig bewirtschaftet, 58 Betten, 43 Lager, Tel. 0 88 21/22 02).

KARTE
Wetterstein- und Mieminger Gebirge Mittleres Blatt, 1:25 000 (AV, 4/2) bzw. Topographische Karte Sonderblatt Karwendel · Werdenfelser Land, 1:50 000 (BLVA)

Die Alpspitze ist eine der formschönsten Berggestalten im Bereich der Nördlichen Kalkalpen: eine wohldimensionierte Felspyramide in wilder Wettersteinlandschaft. Seilbahnen führen hinauf in die Felsregion, und dort erwarten den Bergsteiger gleich drei gut gesicherte Eisenwege.

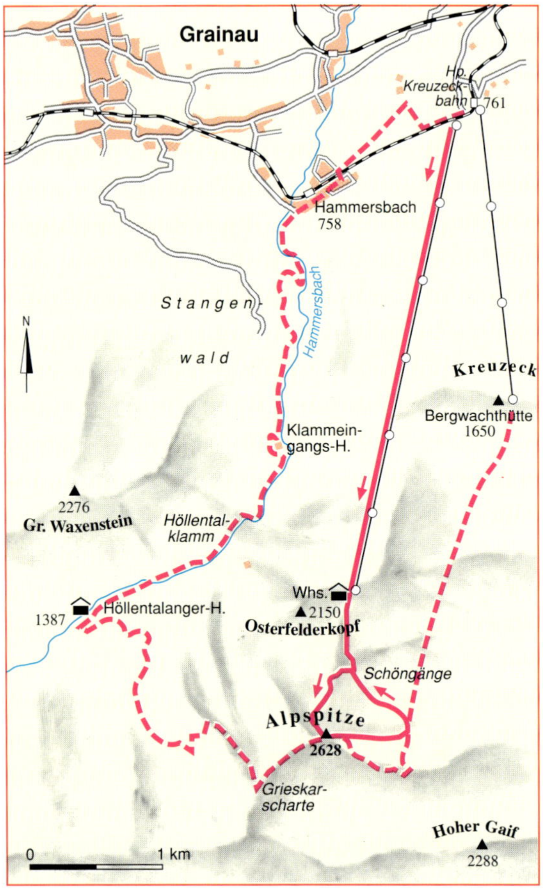

Ihre beeindruckende Wirkung entfaltet die Alpspitze erst, wenn man ihr zu Leibe rückt. Aus der Ferne geht sie neben Deutschlands höchstem Gipfel unter: Die Zugspitze überragt die Alpspitze noch um 300 Meter. Bereits im Jahre 1825 wurde die Alpspitze zum erstenmal erstiegen. Heute ist der Gipfel sommers wie winters ein beliebtes Ziel. Der klassische Anstieg führte früher über die sogenannten Schöngänge, denen aber die in den siebziger Jahren eingerichteten Klettersteige nun schon lange ihre Bedeutung genommen haben. Dabei stellt die »Ferrata« – abgesehen von den reinen Kletterrouten – den schnellsten und anspruchsvollsten Weg auf die Alpspitze dar. Der Nordwandsteig dürfte mittlerweile aber der beliebtere Abstieg sein. Die Osterfelderbahn führt von Garmisch-Partenkirchen auf eine Höhe von 2030 Metern. Direkt vor der Bergstation weisen Schilder den Weg. Zunächst führt er fast waagrecht in östlicher Richtung auf die Alpspitz-Nordwand zu, bis der Steig sich nach etwa 200 Metern rechts wendet. Markierungen weisen zum Beginn der Sicherungen. Nach einem ersten Leiterstück verläuft die Route unverfehlbar, weil ständig drahtseilversichert, hinauf zum 2628 Meter hohen Gipfel, der mit einem großen Gipfelkreuz geschmückt ist.
Ein schrofiger Steig führt durch die karge Ostflanke der Alpspitze talwärts. Er leitet schräg hinüber an den Rand der Nordabstürze, wo, gut beschildert, der Nordwandsteig ansetzt, eine ebenfalls technisch gesicherte Steiganlage, die den Sockel der Alpspitznordwand fast horizontal durchzieht (Leitern, Drahtseile, Tunnels). Vom Ende des Nordwandsteigs erreicht man in wenigen Minuten die Bergstation der Osterfelderbahn. Möglich wäre auch der Abstieg zum Kreuzeckhaus, von wo man mit der Kreuzeckbahn ins Tal abfahren kann.

VARIANTE

Man kann die Alpspitztour mit einem Besuch der Höllentalklamm verbinden, indem man vom Gipfel über die Grieskarscharte und das Mathaisenkar zur Höllentalangerhütte absteigt. Dort beginnt bald der Steig durch die Klamm.

Eisenleitern und Drahtseile geben den Weg vor hinauf zum Gipfel. Wegen der Steilheit des Geländes sind ein Steinschlaghelm und eine Klettersteigsicherung unbedingt zu empfehlen.

Die schön geformte Pyramide der Alpspitze zeigt sich dem Besucher besonders imposant von seinen Vorgipfeln.

28 HINDELANGER KLETTERSTEIG

Gesichertes Felsabenteuer

HÖCHSTER PUNKT
Westlicher Wengenkopf, 2235 m (Großer Daumen, 2280 m)

ANFAHRT
Von Memmingen auf der A 7 nach Kempten. Weiter über Immenstadt und Sonthofen nach Oberstdorf im Allgäu (815 m). Dort zur Talstation der Nebelhornbahn mit großem Parkplatz. Gute Bahnverbindung von München bzw. Augsburg.

ZEITDAUER
Vom Nebelhorn über den Klettersteig zum Großen Daumen 3–3½ Std., Rückweg vom Großen Daumen zur Bergstation der Nebelhornbahn auf Wanderweg 2½ Std.; insgesamt 6 Std. Bei Abstieg nach Hinterstein weitere 6 Std.

ANFORDERUNGEN
Teilweise anspruchsvolle Gratüberschreitung mit luftigen Passagen; ausreichend, jedoch nicht überall gesichert. Trittsicherheit und Schwindelfreiheit unbedingt erforderlich. Die drei Abstiegsmöglichkeiten vom Grat eröffnen guten Sicherheitsspielraum bei Schlechtwettereinbrüchen.

HÜTTE/EINKEHR
Berghotel Höfatsblick, 1929 m, an der Bergstation der Nebelhornbahn. Edmund-Probst-Haus, 1925 m (AV-Hütte, ca. 20. Dezember bis nach Ostern und von Ende Mai bis Anfang Oktober bewirtschaftet, 43 Betten, 82 Lager; Tel. 0 83 22/47 95.) Gipfelrestaurant am Nebelhorn 2224 m; alle am Beginn des Klettersteigs.

KARTE
Topographische Karte Allgäuer Alpen L 8, 1:50 000 (BLVA)

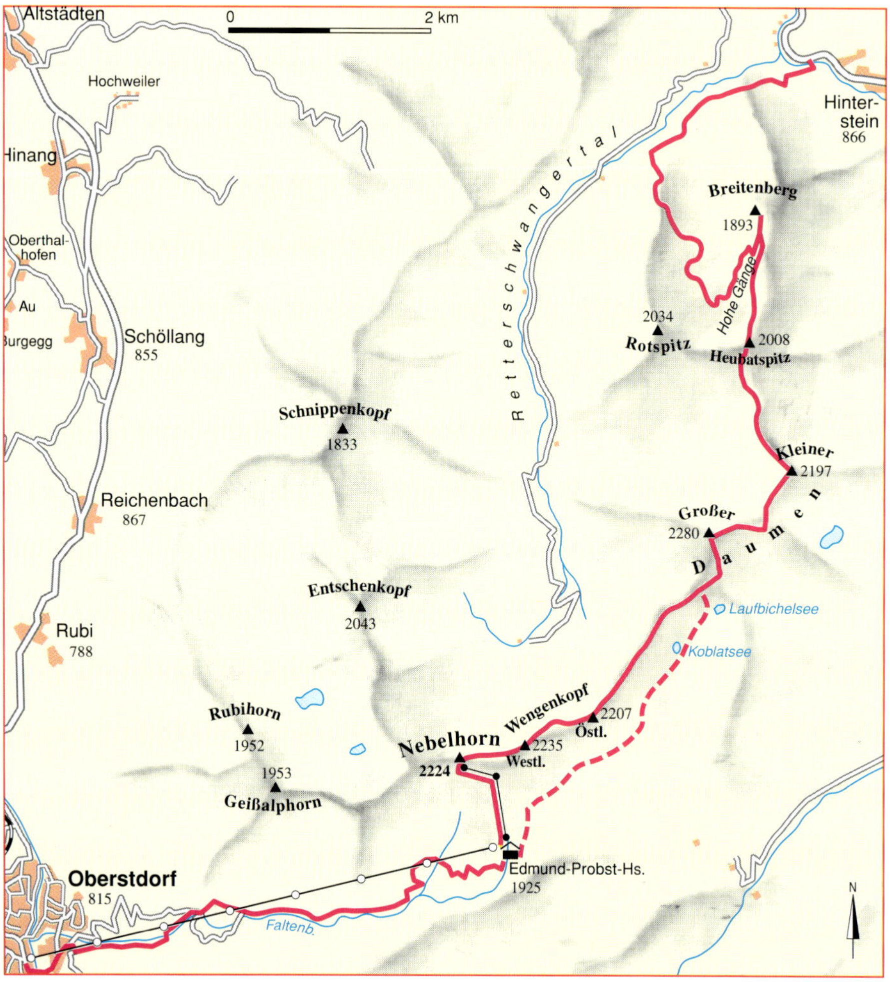

An den Zustieg zum Hindelanger Klettersteig braucht man keinen Gedanken zu verschwenden: Mit der Nebelhorn-Seilbahn und dem Lift gleitet man bis zum Gipfelrestaurant auf 2224 Meter Höhe empor; dort kann man noch geruhsam frühstücken … Mit dieser Angabe ist auch schon die Durchschnittshöhe des nun folgenden Grats umrissen, denn den höchsten Punkt des Wegs mit 2280 Metern registriert man als Gegenanstieg. Dennoch ist der fast immer überlaufene Hindelanger Klettersteig kein Unternehmen für Ungeübte.

Die Sicherungen am nun folgenden Steig, der von der Bergstation bis zum Großen Daumen verläuft, beschränken sich auf das Notwendige. Der Routenverlauf ist vorgegeben und kann deshalb eigentlich nicht verpasst werden. Der an vielen Stellen gähnende Abgrund neben vielen ungesicherten und relativ schmalen Gratpartien erfordert jedoch reichlich Kaltblütigkeit und Schwindelfreiheit. Auch können bei Nässe die lehmigen Stellen am keineswegs nur felsigen Grat recht unangenehm werden. Bei gutem und trockenem Wetter ist diese Ferrata jedoch für den Geübten ein besonderer Leckerbissen: eine genussvolle Turnerei über Grat zu Gipfel, von Gipfel zu Scharte, dabei stets gewürzt mit großartigen Panoramablicken auf die hochalpine Region zwischen dem Hohen Licht und der Zugspitze und

Der Hindelanger Klettersteig beginnt am Nebelhorn, das man geruhsam mit der Nebelhornbahn erreicht. Zum Einstieg bietet sich der Sessellift an.

Zahlreiche ausgesetzte, zum Teil aber mit Leitern und Seilen gesicherte Gratabschnitte würzen den durchaus anspruchsvollen Hindelanger Klettersteig.

einem weiten Ausblick ins flache Alpenvorland. Wegen mehrerer Möglichkeiten zur Schlechtwetterflucht vom Grat und des problemlosen Rückwegs ist dieser Klettersteig auch für Bergwanderer geeignet, die es gern einmal etwas »schärfer« probieren möchten, aber notfalls eine sichere Rückzugsmöglichkeit haben wollen. Auch Länge und Gehzeit kann man individuell wählen und variieren. Vom Nebelhorn bis in die Scharte unter dem Großen Daumen hat man kaum vier Stunden lang den Nervenkitzel einer echten Via ferrata. Ab hier folgt dann ein urgemütlicher Rückweg für Rückfahrkarteninhaber und Wanderer, die nach sechs Stunden ausgelastet sind. Wer will, kann aber auch noch weitermachen.
Von der Scharte geht es in einer guten halben Stunde auf den Großen Daumen (2280 m) hinauf und von hier über den wirklich zahmen, etwas älteren Klettersteigabschnitt der Hohen Gänge bis zum Breitenberg (1893 m), dem letzten Gipfel der gesamten Kette. Bis hierher braucht man vom Großen Daumen nochmals fast drei Stunden, und normalerweise gibt es jetzt kein Zurück mehr zur Seilbahnstation; auch der Abstieg ins Tal nach Hinterstein dauert nochmals drei Stunden, und er ist keineswegs besonders reizvoll. Die große Überschreitung dauert selbst beim Ausreizen der künstlichen Aufstiegshilfen gut neun Stunden, und dieser Weg ist nur dann zu empfehlen, wenn man für die Rückfahrt vorgesorgt hat.

DER LOWA-TIP!

Heilbronner Weg, Mindelheimer und Hindelanger Klettersteig – das ist das große Dreigestirn am Allgäuer Klettersteighimmel. Der erst von 1973 bis 1978 ausgebaute Hindelanger Klettersteig ist der jüngste dieser Eisenwege. Er ist mit dem Klettersteig über den Grat »Hohe Gänge« zwischen Rotspitze und Breitenberg gut zu verbinden – wenn die Rückfahrt durch ein zweites Auto sichergestellt ist.
Aber Vorsicht: Auch für den Hindelanger Klettersteig ist Klettersteigerfahrung unabdingbare Voraussetzung!

29 ARLBERGER KLETTERSTEIG

Luftiger Ausflug hoch über St. Anton

Nur wenige wissen, dass oberhalb von St. Anton am Arlberg ein wahrer Klettersteig-Leckerbissen zu finden. Besonders ideal: Man erspart sich lange An- und Abstiege!

HÖCHSTER PUNKT
Weißschrofenspitze (2752 m)

ANFAHRT
Mit dem Auto: Auf der Inntalautobahn aus Richtung Innsbruck nach Landeck, dann ab Autobahnende auf der Bundesstraße Richtung Arlbergtunnel.
Kurz vor der Mautstelle des Tunnels ist die Ausfahrt nach St. Anton. Parken entlang der Durchgangsstraße St. Anton–Arlbergpass.
Mit der Bahn: St. Anton verfügt über den höchstgelegenen Schnellzugbahnhof Europas (1304 m). Beste Verbindungen aus Deutschland, Österreich und der Schweiz. Der Bahnhof liegt mitten im Ort; zu den Bergbahnen in wenigen Minuten.

ZEITDAUER
Von der Vallugagrat-Bergstation zum Einstieg 20 Min., Klettersteigbegehung 4 Std., Abstieg bis zur Kapall-Sesselbahn 1 1/2 Std.; insgesamt 5–6 Std.

ANFORDERUNGEN
Anspruchsvolle und schwierige Klettersteigtour. Hochalpine Erfahrung und Klettersteigausrüstung erforderlich. Achtung bei Wetterstürzen!

EINKEHR
Gastronomischer Betrieb bei den Bergstationen Vallugagrat und Kapall.

KARTE
Topographische Karte Blatt 143 St. Anton am Arlberg, 1:50 000 (ÖB)

Hoch über St. Anton am Arlberg verläuft einer der imponierendsten Eisenwege der Alpen: der Arlberger Klettersteig. Die Überschreitung vom Vallugagrat zur Weißschrofenspitze ist ein ernstzunehmendes alpines Abenteuer. Der Weg ist klettersteigtechnisch gesehen anspruchsvoll, exponiert und den Wetterbedingungen ausgesetzt. Aber wenn alles stimmt, dann sind fünf unvergessliche Kletterstunden garantiert.

Sankt Anton ist als Skiort weltberühmt, aber die wenigsten wissen, dass es hier einen der schönsten Klettersteige der Alpen gibt. Er ist anspruchsvoll und abenteuerlich, dabei ohne Mühen weder beim Aufstieg noch beim Abstieg.
Mit Galzig- und Vallugabahn lässt man sich zur Station Vallugagrat (2646 m) hinaufbringen. In östlicher Richtung (markiert und beschildert) leicht absteigend, erreicht man in etwa 20 Minuten den Beginn des Klettersteigs. Schon der erste Turm weist eine Schlüsselstelle auf – einen gut gesicherten, aber fast senkrechten Abstieg über eine 20-Meter-Wand.
Den zweiten Turm kann man ohne Schwierigkeiten traversieren, danach wird es wieder ernst. Fast senkrecht leitet das Drahtseil zur Knoppenjochspitze hinauf. Nach kurzem Abstieg (in der Scharte zwischen Knoppenjochspitze und Lorfekopf südseitiger Notabstieg!) geht es vergleichsweise unschwierig weiter zum Lorfekopf (2689 m). In der folgenden Scharte besteht wieder die Möglichkeit, den Arlberger Klettersteig in südlicher Richtung vorzeitig zu verlassen. Wenn freilich das Wetter sicher ist und man eine gute Kondition besitzt, sollte man den Weg unbedingt über den Klettersteig fortsetzen.
Nach der Lisunspitze kommen die Haizähne. In luftiger Kletterei geht es über Zacken und Felstürme – dies ist eine der eindrucksvollsten Passagen auf diesem Steig. Nach diesem wilden Felsabschnitt klingen die Schwierigkeiten allmählich aus (wieder besteht die Möglichkeit zum südseitigen Abstieg). Zuletzt steigt man zum 2752 Meter hohen Gipfel der Weißschrofenspitze hinauf, dem östlichen Eckpunkt des Arlberger Klettersteigs. Ein faszinierender Eisenweg liegt hinter einem, und rundherum eröffnet sich ein zauberhaftes Panorama: Lechtaler und Allgäuer Alpen im Norden, Stubaier und Ötztaler im Südosten, Ferwall, Silvretta, Rätikon im Süden und Südwesten, und mit etwas Glück entdeckt man sogar den Piz Kesch im Herzen Graubündens.
Nur sollte man sich auf keinen Fall verhocken, denn noch ist man nicht im leichten Gelände. Über den Südgrat zieht ein gesicherter, aber schwieriger Steig zum Fuß der Südflanke hinunter. Von hier

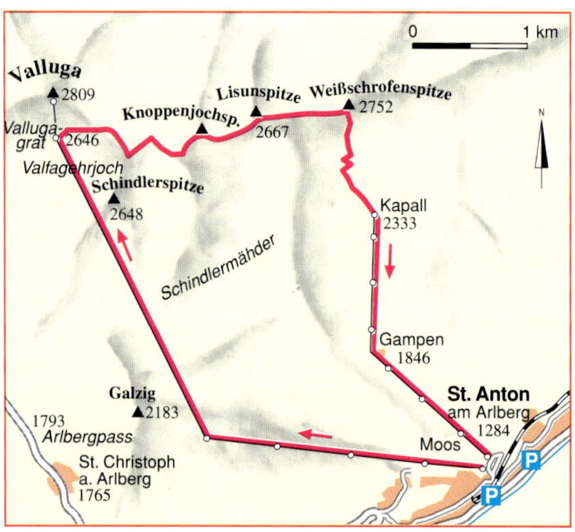

Der Arlberger Klettersteig weist einige sehr ausgesetzte Passagen auf: also gut gesichert an den Start und das Wetter nicht vergessen. Wetterumschwünge sind oft erst spät zu erkennen.

Manchmal ergibt sich auch das Vergnügen, ein Gamskitz in freier Wildbahn zu entdecken.

aus erreicht man die Bergstation der Kapall-Sesselbahn (2333 m) in einer Viertelstunde.
Wichtig: In welcher Richtung man den Klettersteig auch begeht, man sollte sich vorher im Informationsbüro St. Anton erkundigen, ob die Bergbahnen in Betrieb sind, und man sollte bis um etwa 16 Uhr bei der jeweiligen Bergstation eintreffen. Zwar sind die Abstiege zu Fuß nicht schwierig und bestens markiert – aber schließlich hat man sich nach solch einer Bergtour ein wenig Bequemlichkeit verdient!

DER LOWA-TIP!

Nach der Tour einen Abstecher zum herrlich gelegenen Waldschwimmbad von St. Anton machen oder das Ski- und Heimatmuseum im Arlberg-Kandaharhaus besuchen. Dort wird die große Skifahrervergangenheit von St. Anton lebendig.

Heimatmuseum:
Tel. 00 43/54 46/24 75
Öffnungszeiten:
Anfang Juni bis Mitte Sept. und Mitte Dez. bis Mitte April, Mo–Sa 15–22 Uhr, im Sommer 10–18 Uhr, Mi Ruhetag, Eintritt Sommer etwa 10 öS

30 SCHLICKER KLETTERSTEIG

Klassisches Ziel im Kalkfels

HÖCHSTER PUNKT
Große Ochsenwand (2700 m)

ANFAHRT
Auf der Inntalautobahn über Innsbruck auf die Brennerautobahn bis zur Ausfahrt Schönberg im Stubaital und bald rechts abzweigen nach Fulpmes (937 m). Hier, gut ausgeschildert, quer durch den Ort hinauf zur Talstation des Sessellifts Schlicker Alm.

ZEITDAUER
Bei Benutzung des Sessellifts nach Froneben 7–8 Std., bei zusätzlicher Sesselliftauffahrt bis zum Kreuzjoch 1 Std. weniger.

ANFORDERUNGEN
Anspruchsvolle, schwierige und kraftraubende Klettersteigtour. Hochalpine Erfahrung und komplette Klettersteigausrüstung erforderlich. Bei Nässe oder Vereisungsgefahr ist von einer Besteigung der Nordseite abzuraten.

HÜTTE/EINKEHR
Gepflegte Gastronomie im Berggasthof Schlicker Alm, 1616 m (privat, ganzjährig bewirtschaftet, 53 Betten; Tel. 00 43/52 25/6 24 09).

KARTE
WK 241 Innsbruck · Stubai · Sellrain · Brenner, 1:50 000 (Freytag & Berndt)

Die Nordseite der Kalkkögel bietet dem Skiparadies Axamer Lizum eine dolomitische Traumkulisse – wohl jeder bergsteigende Skifahrer hat von diesen Pisten sehnsuchtsvoll in die wilden Nordwände geblickt. Erst im Jahr 1983 wurde einer der massigen Felstürme von der sonnigen Südseite her als Klettersteig erschlossen. Mit dieser Route, den Eisenwegen im nahe gelegenen Elferkamm und der kühnen Führe auf die Ilmspitze hat das Stubai seinen Ruf als Tiroler Wallfahrtsziel für Klettersteigfanatiker begründet.

Die wuchtige Große Ochsenwand, die beherrschende Felsgestalt der westlichen Kalkkögel, ist durch einen sehr anspruchsvollen Klettersteig über den rassigen Südostpfeiler erschlossen.
Der Anstieg durch die 850 Meter hohe, im unteren Teil sehr steile Wandpartie und der Abstieg über den wildzerklüfteten Nordgrat mit seinen abgesplitterten Türmchen, Nadeln und Zacken ist ein tagfüllendes spannendes Felsabenteuer.
Die Tagestour beginnt gemütlich: mit dem Sessellift zur Bergstation Froneben (1326 m), von hier auf einer Fahrstraße zum Berggasthof Schlicker Alm (1616 m). Auf der Straße weiter taleinwärts bis zu einem deutlichen Wegweiser zum Einstieg. Von hier auf einer markierten Pfadspur über die bewachsenen Schutthalden unterhalb der Wandflucht zum Einstieg in etwa 1850 Meter Höhe. Wer es bequemer haben möchte, fährt von der Mittelstation Froneben mit dem zweiten Sessellift bis zum Kreuzjoch auf 2139 Meter (Bergstation mit Panoramarestaurant). Von hier bummelt man auf Pistentrassen über die Zirmachalm zum Abzweig des Klettersteigs etwa 300 Höhenmeter abwärts. Der senkrechte Einstieg in die jäh aufragende Wand ist als »Prüfstand« ausgebaut und fordert vom »Prüfling« einige Kraft und Geschicklichkeit. Ein Drahtseil und sparsam gesetzte künstliche Griffe und Tritte aus Eisenbügeln führen weiter, und nur noch zwei andere Stellen erreichen die technische Schwierigkeit und Exponiertheit der Einstiegswand. Die Ostschulter erreicht man in etwa 2300 Meter Höhe, wo die

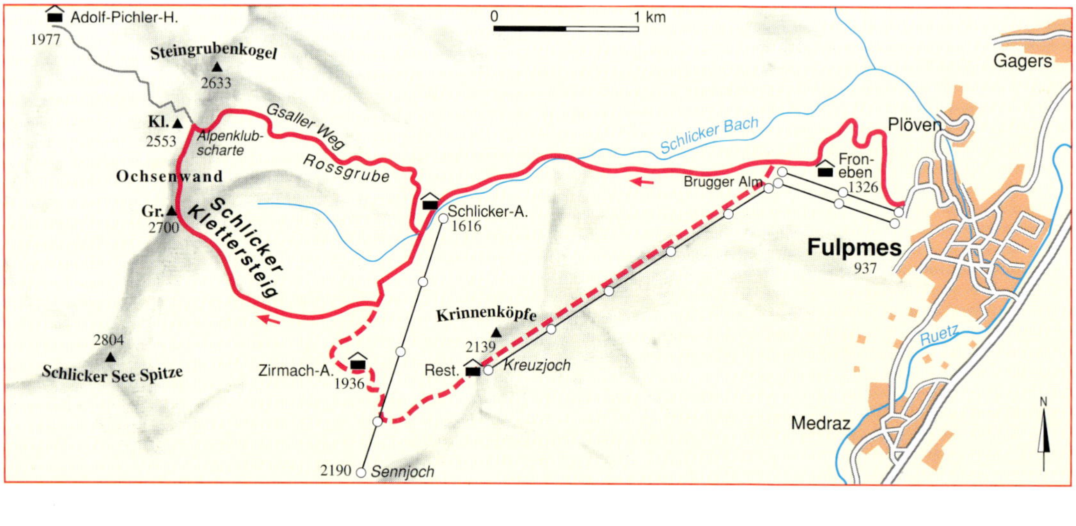

Die Große Ochsenwand ragt aus der lang gezogenen Gipfelschneide zwar nur wenig heraus, fällt aber nach Osten und Nordosten mit prallen Felswänden zur Schlicker Alm hin ab – im Bild die Ostschulter.

Über einen dieser massigen Felstürme wurde ein ausgesetzter Klettersteig gelegt, der an Rassigkeit nichts zu wünschen übrig lässt.

Felsen zunächst einem Serpentinenpfad durch einen grasigen Steilhang weichen, in dem immer wieder wildzerfressene Felsgebilde aufragen. Sehr bald folgen jedoch leichtere Felspassagen, bis ein rassiger Steilaufschwung überraschend direkt zum Gipfelkreuz emporleitet.

Zum Abstieg über den Nordgratklettersteig führt zunächst eine markierte Pfadspur den flachen Grat ostwärts und über den gut gesicherten Nordgrat hinab. Teils recht luftig, aber in einer landschaftlich faszinierenden Felsszenerie, gelangt man bis in die düstere Scharte zwischen der Kleinen und Großen Ochsenwand. Nun quert man auf einem schmalen Band fast eben zur Alpenklubscharte hinüber, wo man auf den Gsallerweg trifft; hier ist Gelegenheit zu einem kurzen, lohnenden Gipfelabstecher zum Kleinen Ochsenwandkopf mit einer Höhe von 2553 Metern (markierter Anstieg, I). Auf dem Gsallerweg geht es zunächst fast eben ostwärts bis zur Wegabzweigung Schlicker Alm, die nun bequem auf dem guten Steig durch die Rossgrube erreicht wird. Bei der wohlverdienten Brotzeit sollte man die Uhr im Auge behalten, denn die letzte Talfahrt von der Bruggeralm bei der Mittelstation Froneben ist um 17 Uhr, und die sollte man nicht verpassen.

DER LOWA-TIP!

Die Klettersteige in den Elfertürmen und auf die Ilmspitzen sind ebenfalls anspruchsvolle Touren!

HÖHEN-WEGE

Auf hohen Steigen durch eine ganze Gebirgsregion – Fernblicke ohne Hindernis, Bergfreiheit pur.

Blick aus dem Navistal gegen die Stubaier Alpen (links) mit Wipptal und Gschnitztal. Ein kurzes, aber aussichtsreiches Höhenwegvergnügen bietet der Übergang über das Hupfleitenjoch (rechts).

Beim Höhenwegwandern sind Gipfel nachrangig. Allein das Unterwegssein, das freie Spiel der Wolken über den Gipfeln und in den Tälern verschafft einzigartige Eindrücke. Die Durchquerung ganzer Gebirgsregionen oder das Überschreiten von Bergkämmen war schon im letzten Jahrhundert eine beliebte Variante des Bergsteigens. Die Alpenvereine haben darauf entsprechend reagiert und ein dichtes Netz an Höhenwegen geschaffen. Mancher dieser Wege ist so konzipiert, dass er in mehreren Tagen als Streckentour begangen wird, andere lassen sich zur Rundtour verbinden. Alle vorgestellten Routen verlaufen auf markierten Wegen und Steigen. Als Ergänzung werden einige Gipfelabstecher erwähnt.

31

NURRACHER HÖHENWEG

Über sieben Gipfel

HÖCHSTER PUNKT
Großes Hinterhorn (2506 m)

ANFAHRT
Auf der Salzburger Autobahn bis zur Ausfahrt Siegsdorf, dann über Schneizlreuth und Steinpasstunnel nach Lofer. Dort auf der Umgehungsstraße Richtung Waidring. Noch vor dem Pass Strub zweigt links der Fahrweg ins Loferer Hochtal ab; Parkplatz nach zwei Kilometern. Oder auf der Inntalautobahn bis Ausfahrt Wörgl, dann über St. Johann und Waidring nach Lofer.

ZEITDAUER
Vom Parkplatz bei Lofer zur Schmidt-Zabierow-Hütte 3 Std., von der Hütte aufs Große Hinterhorn 1 1/2 Std., Großes Hinterhorn–Großes Rothorn 1 1/4 Std., Übergang zum Schaflegg von der Scharte zwischen den Rothörnern und dem Rothörndl 3/4 Std., Weiterweg zum Ulrichshorn 1 Std., Abstieg nach St. Ulrich 2 Std.; insgesamt knapp 10 Std. In umgekehrter Richtung müssen 2 Std. mehr reine Gehzeit gerechnet werden.

ANFORDERUNGEN
Zur Schmidt-Zabierow-Hütte leichter, aber langer Hüttensteig. Der Nurracher Höhenweg erfordert Schwindelfreiheit und Trittsicherheit; im Bereich des Großen Hinterhorns befinden sich einige Klettersteigstellen. Unbedingt ausreichend zu trinken mitnehmen, denn nach der Hütte gibt es keine Möglichkeit mehr, Getränke zu kaufen. Unbedingt Übernachtung einplanen.

HÜTTE/EINKEHR
Schmidt-Zabierow-Hütte, 1966 m (AV-Hütte, von Anfang Juli bis Ende September bewirtschaftet, 11 Betten, 56 Lager; Tel. 00 43/65 88 72 84).

KARTE
WK 101 Loferer und Leoganger Steinberge, 1:50 000 (Freytag & Berndt)

In der spärlich vorhandenen Literatur über die Loferer Steinberge wird der Nurracher (auch Nuaracher) Höhenweg, so benannt nach dem früheren Namen des Ortes St. Ulrich am Pillersee, als einer »der schönsten Höhenwege der Nördlichen Kalkalpen« erwähnt. Doch gehört der Nurracher Höhenweg glücklicherweise nicht zu den überlaufenen Bergpfaden.

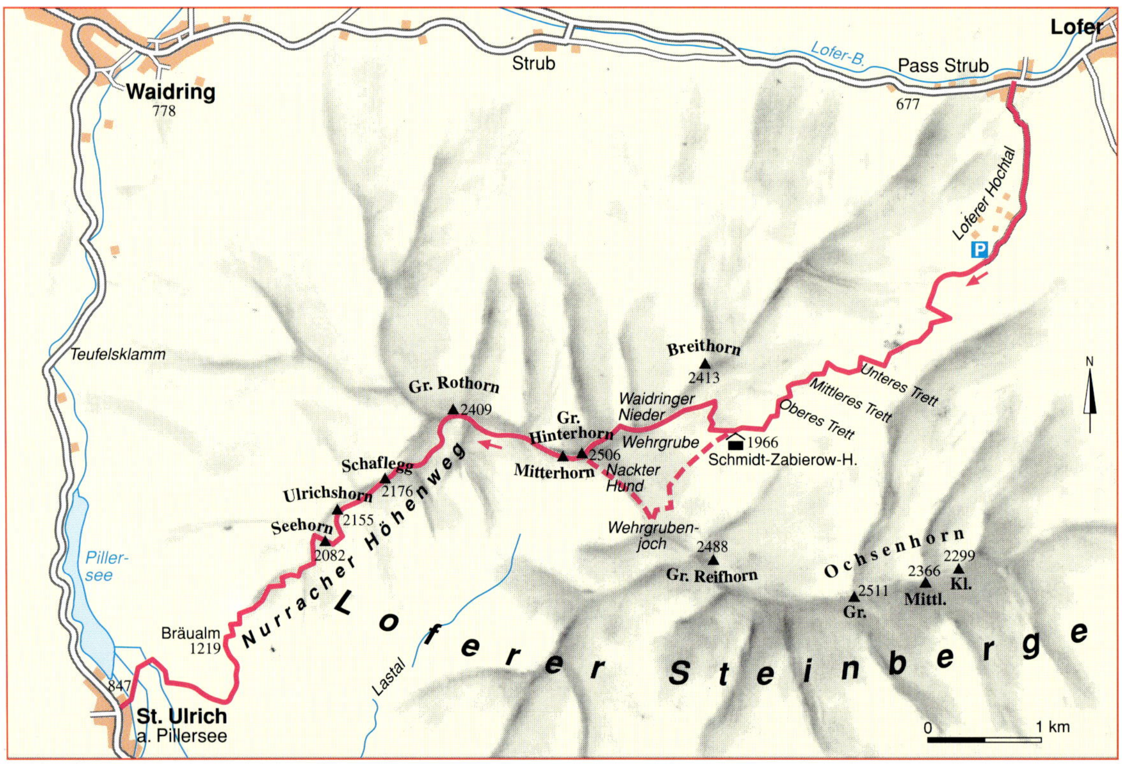

Auf dem Nurracher Höhenweg wird der gesamte kleine Gebirgsstock der Loferer Steinberge überschritten. Auf diesen Weg verweist kein Schild – er beginnt bei der Schmidt-Zabierow-Hütte und endet am Pillersee.
Die gemütliche Schmidt-Zabierow-Hütte am Rande der Wehrgrube, bereits 1899 erbaut und zwischenzeitlich umgebaut und erweitert, erreicht man vom Ausgangspunkt in Lofer nach einem strammen Marsch von drei Stunden, der einen Vorgeschmack auf die Fortsetzung am nächsten Tag gibt (eine Übernachtung sollte man wegen der Länge der Tour unbedingt einplanen).
Man startet am besten früh von der Schmidt-Zabierow-

Die letzten Meter am Nackten Hund, über den ein Klettersteig zum Großen Hinterhorn führt – eine reizvolle, aber anspruchsvolle Zustiegsvariante zum Nurracher Höhenweg.

Beim Anstieg von der Schmidt-Zabierow-Hütte zur Waidringer Nieder.

Hütte und steigt zur Waidringer Nieder, der Einsattelung zwischen Breithorn und Großem Hinterhorn, über die auch der von Waidring heraufführende Hüttenweg kommt. Hier genießt man den ersten freien Blick ins Tal nach Norden, auf die breiten und glatten Wände der Steinplatte und die Höhen der Chiemgauer Alpen; im Südosten tauchen die Berchtesgadener Alpen auf.
Der Anstieg verläuft durch die Südseite des Breithorns und ist trotz einiger ausgesetzter Stellen leicht zu begehen. Das erste Etappenziel, das Große Hinterhorn (2506 m), der zweithöchste Gipfel der Loferer Steinberge, wird nun über den links abzweigenden, markierten Steig erklommen. Bereits im Jahr 1833 stand der Salzburger Pater Carl Thurwieser als erster Tourist auf diesem Gipfel. Die unterschiedliche Namensgebung dieses Bergs verwirrt sicher einige Besucher: Großes Hinterhorn und Mitterhorn werden häufig verwechselt; der kreuzgeschmückte Gipfel ist das

Am Wehrgrubenjoch, der tiefen Einsenkung zwischen Nacktem Hund und Westlichem Reifhorn. Das Joch ist der meist begangene Übergang in den Loferer Steinbergen.

Hinterhorn, der westlich vorgelagerte das Mitterhorn. Die Erklärung ist ziemlich einfach: In Lofer sagen sie Hinterhorn zu diesem Gipfel, weil er sich hinter dem Breithorn versteckt, in St. Ulrich nennen sie ihn Mitterhorn, weil er sich in der Mitte des langen Bergkamms erhebt.
Am Gipfelaufbau hat man zwei Möglichkeiten: Entweder man nimmt den leichten Normalweg zum Kreuz oder genießt die kleine Klettersteig-einlage, indem man auf ihr den Gipfel in Richtung Westen überschreitet. Auf dem Abstieg vom Großen Hinterhorn zur Ulricher Nieder (2315 m) taucht zu Beginn ein Orientierungsproblem auf, doch bald wird man die nach rechts führende Markierung entdecken. Über Felsbänder und durch tief eingefressene Karrenfelder verläuft nun der Steig, der hier erhöhte Aufmerksamkeit verlangt. Der folgende Anstieg zum Großen Rothorn (2409 m) verläuft auf der Südseite des Ostgrats, wobei das letzte Stück sehr bequem zu gehen ist. Das Östliche Rothorn weist nur einen Steinmann auf, während auf dem Großen Rothorn ein Kreuz steht. Dann geht es steil in die jochartige Einsenkung zwischen Rothörndl und Großem Rothorn hinab. Die phantastischen Felsformationen am weiteren Abstiegsweg durch den anschließenden Felskessel sind zugleich aber auch »Knochenschinder«. Durch die Südostflanke des Rothörndls erreicht man wieder bequem das Schaflegg (2176 m) und die Adolarischarte, an der man am besten noch eine Stärkung zu sich nimmt, denn die anschließende Etappe auf dem Grat ist vergleichsweise lang und bei Wind recht auskühlend – also besser auch noch wärmende Kleidung überziehen. Man kann ohne große Gefahr dahinschlendern und die Aussicht genießen. Vor Erreichen des Ulrichshorns (2155 m) wird der Grat jedoch exponiert, und das letzte Stück zum Gipfel steigt man durch eine gesicherte Rinne hinauf. Vom Gipfelkreuz geht es weiter immer in Richtung Westen; mit Hilfe von Seilsicherungen lässt man sich zum Felssockel hinab und quert diesen bis zu dem Pfad, der zum Seehorn (2082 m) führt. An der bald folgenden Wegverzweigung hält man sich links und erreicht diesen letzten bedeutenden Gipfel auf der langen Kammwanderung. Man kann noch einen Blick auf den tief unterhalb blinkenden Pillersee werfen, und dann geht es an den Abstieg.
Durch drahtseilgesicherte Bänder und Rinnen sowie zahlreiche Serpentinen steigt man durch Latschenfelder abwärts und gelangt bald zur reizvoll gelegenen, aber leider nicht bewirtschafteten Bräualm (1219 m). Die letzte halbe Stunde schlendert man nur noch durch Wald, kann seine müden Füße im Grieslbach erfrischen und erreicht schließlich St. Ulrich am Pillersee. Ein anstrengender, aber ausgefüllter Bergtag ist zu Ende.
Mit etwas Glück klappt es dann per Autostopp

Der Blick vom Mitterhorn reicht über St. Ulrich hinweg bis in die Zentralalpen – deutlich sichtbar ist die vergletscherte Venedigergruppe.

Beim Abstieg nach St. Ulrich wandert man durch zahlreiche Latschenfelder. Leider gibt es am Weg keine Einkehrmöglichkeit.

zurück zum Ausgangspunkt – es sei denn, man hat vorsorglich ein zweites Auto in St. Ulrich abgestellt.

VARIANTE

Von der Schmidt-Zabierow-Hütte führt durch die Wehrgrube und über das Wehrgrubenjoch (2218 m) ein Steig ins Lastal hinüber. Dort beginnt ein reizvoller Klettersteig, der über den Ostgrat des Großen Hinterhorns führt. Anspruchsvoller Anstieg mit Klettersteigcharakter (Sicherungen, markiert).

DER LOWA-TIP!

Südlich von Lofer – zwischen St. Martin und Weißbach – befindet sich die Vorderkaserklamm. Sie wurde bereits in den Jahren 1881/82 durch eine Steiganlage erschlossen und bietet eine willkommene Abwechslung zu den wasserlosen Höhen der Loferer Steinberge. Die Zufahrt zum Klammeingang erfolgt direkt von der Bundesstraße aus. In diesem Taleinschnitt, der die Loferer und Leoganger Steinberge voneinander trennt, liegt ein Naturbadesee, und eine Jausenstation lädt zur Einkehr ein.
Ein weiteres spektakuläres Naturdenkmal an der Straße von Lofer nach Saalfelden ist die Lamprechtsofenhöhle (meist ganzjährig geöffnet, Eintritt etwa DM 5,–). mit einem kleinen Wasserfall, die man gegen Eintritt begehen kann. Der Zugang liegt direkt an der Bundesstraße, einen Kilometer vor Weißbach.

Informationen zur Seisenbergklamm:
Fremdenverkehrsamt Weißbach,
Tel. 00 43/65 82/83 83

Lamprechtsofenhöhle:
(meist) ganzjährig offen, zwischen 1. November und 1. Mai Donnerstag Ruhetag. Öffnungszeiten Winter 10 - 16 Uhr, Sommer 8 - 18 Uhr; Eintritt etwa 38 öS,
Tel. 00 43/65 82/83 43

32 GOETHEWEG

Wanderung über die Nordkette

HÖCHSTER PUNKT
Hafelekarspitze 2334 m (Rumer Spitze, 2454 m)

ANFAHRT
Von Garmisch-Partenkirchen/Seefeld kommend über die Ausfahrt Innsbruck-West und den Ortsteil Hötting, von Rosenheim/Kufstein kommend über die Ausfahrt Innsbruck-Ost und den Ortsteil Saggen zum Rundgemälde im Norden Innsbrucks; von Hötting aus kann man auch bis zur Hungerburg mit dem Auto fahren. Bahnreisende bringt die Straßenbahnlinie 1 direkt zur Talstation der Hungerburgbahn beim Rundgemälde.

ZEITDAUER
Bergstation Hafelekar–Arzler Scharte 1 3/4 Std., Arzler Scharte–Arzler Alm je nach Geh- bzw. Fahrweise auf der Schuttreisse 1–2 Std., Arzler Alm–Hungerburg 1/4 Std., Hungerburg–Innsbruck 1/2 Std.; insgesamt 4–5 Std. (mit Rumer Spitze 1 1/2 Std. mehr).

ANFORDERUNGEN
Gut ausgebauter und bezeichneter Höhensteig, einige Seilsicherungen. Trittsicherheit erforderlich. Der Abstecher zur Rumer Spitze setzt Bergtüchtigkeit im Schwierigkeitsgrad I voraus.

HÜTTE/EINKEHR
Hafelekar-Bergrestaurant. Arzler Alm, 1067 m (private Almwirtschaft, im Sommer durchgehend. im Frühjahr und im Herbst nur an Wochenenden bewirtschaftet). Mehrere Gasthäuser in Hungerburg.

KARTE
Topographische Karte Blatt 118 Innsbruck, 1: 50 000 (ÖB)

Ohne alpinistische Schwierigkeiten führt der sogenannte Goetheweg (seit 1977 offiziell Hermann-Buhl-Weg) meist nahe dem Kamm bzw. Bergrücken über die südlichste der Karwendelketten und bietet dabei herrliche Ausblicke auf die gletschergekrönten Stubaier und Zillertaler Alpen im Süden sowie auf die grauen, wuchtigen Karwendelberge im Norden. Überschaubare Auf- und Abstiege sowie ebene Wegstrecken wechseln einander ab; ein langweiliger Trott kommt also gar nicht auf, zumal der Weg stellenweise durchaus Aufmerksamkeit erfordert (zumindest damit man unterhalb Gehende nicht aus Versehen durch losgetretene Steine verletzt).

Wer unnötige Autokilometer vermeiden will, fährt von ganz unten – direkt aus der Innenstadt Innsbrucks – mit der Bahn: Vom Rundgemälde, in dem die Schlacht am Berg Isel eindrucksvoll in Szene gesetzt ist, führt ein Schrägaufzug zur Hungerburg. Dort steigt man in die Seilbahn um; diese führt zunächst zur Seegrube und in der letzten Etappe schließlich über das Hafelekar, das als Skiabfahrt wegen seiner Steilheit berüchtigt ist, auf die Bergstation.

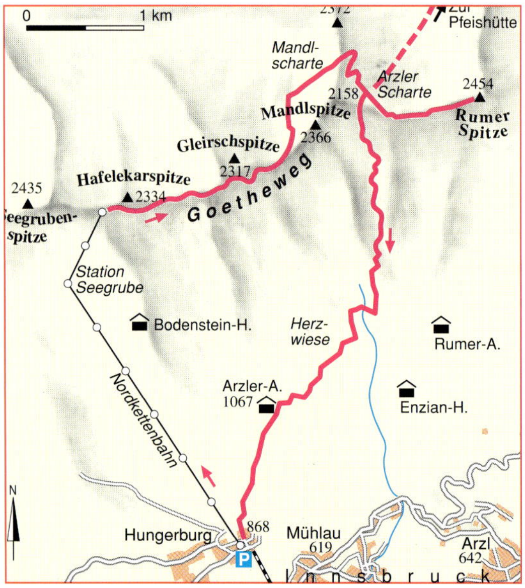

So steht man schon nach kurzer Zeit, ganz ohne Anstrengung, mehr als eineinhalb Kilometer über den Dächern von Innsbruck. Von dort oben sollte man, sofern das Wetter stimmt, erst einmal die gigantische Aussicht genießen.

Von der Bergstation aus zieht es die Freunde schwindelerregender Eisenwege zum Innsbrucker Klettersteig in westliche Richtung, während man als weniger ambitionierter Bergsteiger besser nach Osten geht. So besteigt man in wenigen Minuten auf ausgetrampelten Pfaden die Hafelekarspitze. Von dort geht es zu dem breiten Sattel des Gleirschjöchls hinunter. Nach Querung der grasig-schrofigen Südflanke der Gleirschspitze wechselt man an der Mühlkarscharte auf die schattige Nordseite. Dort, um den Fuß der Mandlspitze herum, liegt im Frühjahr und Herbst oft noch bzw. schon Schnee, der gefährlich vereist sein kann (evtl. vorher Seilbahnbedienstete fragen). Aus der finsteren Nordseite der Gleirschsspitze kommt man über einige Kehren zur Mandlscharte hinauf – und damit wieder ans Sonnenlicht.
Südlich unterhalb der Scharte gibt es nun zwei Möglichkeiten: entweder leicht rechts haltend via Arzler Scharte direkt ins Tal oder geradewegs auf die gegenüber aufragende Rumer Spitze. Das erste Wegstück dorthin ist auch weniger Geübten

Auf dem Goetheweg bieten sich nicht nur Tiefblicke auf das weite Innsbrucker Becken an. Im Westen wie im Osten bauen sich gewaltige Bergsilhouetten der Nordkette auf – hier das Brandjoch, der Große und der Kleine Solstein.

Von der Arzler Scharte ist es nur eine halbe Stunde bis zur Pfeishütte. Eine ideale Alternative, falls man die Nacht im Gebirge verbringen will.

zu empfehlen, und der vorgelagerte Buckel mit seinen grünen Matten lädt geradezu zur Rast ein. Der folgende Westgrat erfordert dann stellenweise Kraxelei im Schwierigkeitsgrad I – für sichere Kletterer ein wahrer Genuss!
Zurück an der Arzler Scharte, denkt man beim bevorstehenden Abstieg über unzählige Kehren an Knieschwammerl oder freut sich auf einen rasanten Abstieg über eine direttissima verlaufende Schuttbahn der Arzler Reisse – jedem das Seine! Knapp unterhalb eines Latschenbandes trifft man auf einen breiten Weg, dem man nach rechts folgt. Bei der Arzler Alm geht es dann halblinks zur Hungerburg und von dort mit der Bahn oder auf einem der ausgeschilderten Spazierwege zu Fuß wieder nach Innsbruck hinunter.

33 ZU DEN QUELLEN DES LECHS

Eine hochalpine Runde

HÖCHSTER PUNKT
Rote Wand (2704 m), auf dem Rundweg am Gehrengrat und unter der Butzenspitze jeweils gut 2400 m

ANFAHRT
Durch das Lechtal über Reutte und Warth oder durch das Inntal über den Arlbergpass und weiter über den Flexenpass nach Lech (1444 m); beide Strecken werden auch von den österreichischen Bundesbussen bedient. Parken in der Parkgarage unterhalb der Kirche oder auf dem Parkplatz südlich des Lechs.

ZEITDAUER
Für den Rundweg 2–4 Tage, durch beliebige Gipfelabstecher erweiterbar; Lech–Ravensburger Hütte 2 1/2 Std., Ravensburger Hütte–Spuller Schafberg 2 Std. (Aufstieg), Ravensburger Hütte–Freiburger Hütte 5 Std., Freiburger Hütte–Rote Wand 3 3/4 Std. (Aufstieg), Freiburger Hütte–Göppinger Hütte 4 1/2 Std., Göppinger Hütte–Hochlichtspitze 1 1/4 Std. (Aufstieg), Göppinger Hütte–Lech 4 Std. (zuzüglich 2 Std. für den Abstecher auf die Braunarlspitze).

ANFORDERUNGEN
Absolute Trittsicherheit und Erfahrung im hochalpinen Gelände, bei den Gipfelanstiegen Sicherheit bei leichten Klettereien erforderlich.

HÜTTE/EINKEHR
Ravensburger Hütte, 1947 m (AV-Hütte, von Mitte Juni bis Anfang Oktober bewirtschaftet, 20 Betten, 85 Lager, 10 Notlager; Tel. 00 43/55 85/75 56). Freiburger Hütte, 1918 m (AV-Hütte, von Mitte Juni bis Anfang Oktober bewirtschaftet, 40 Betten, 100 Lager, 20 Notlager; Tel. 00 43/55 56/7 35 40). Göppinger Hütte, 2245 m (AV-Hütte, von Mitte Juni bis Anfang Oktober bewirtschaftet, 21 Betten, 45 Lager, 6 Notlager; Tel. 00 43/55 83/35 40).

KARTE
Topographische Karte Blatt 142 Schruns und Blatt 143 St. Anton am Arlberg, 1:50 000 (ÖB)

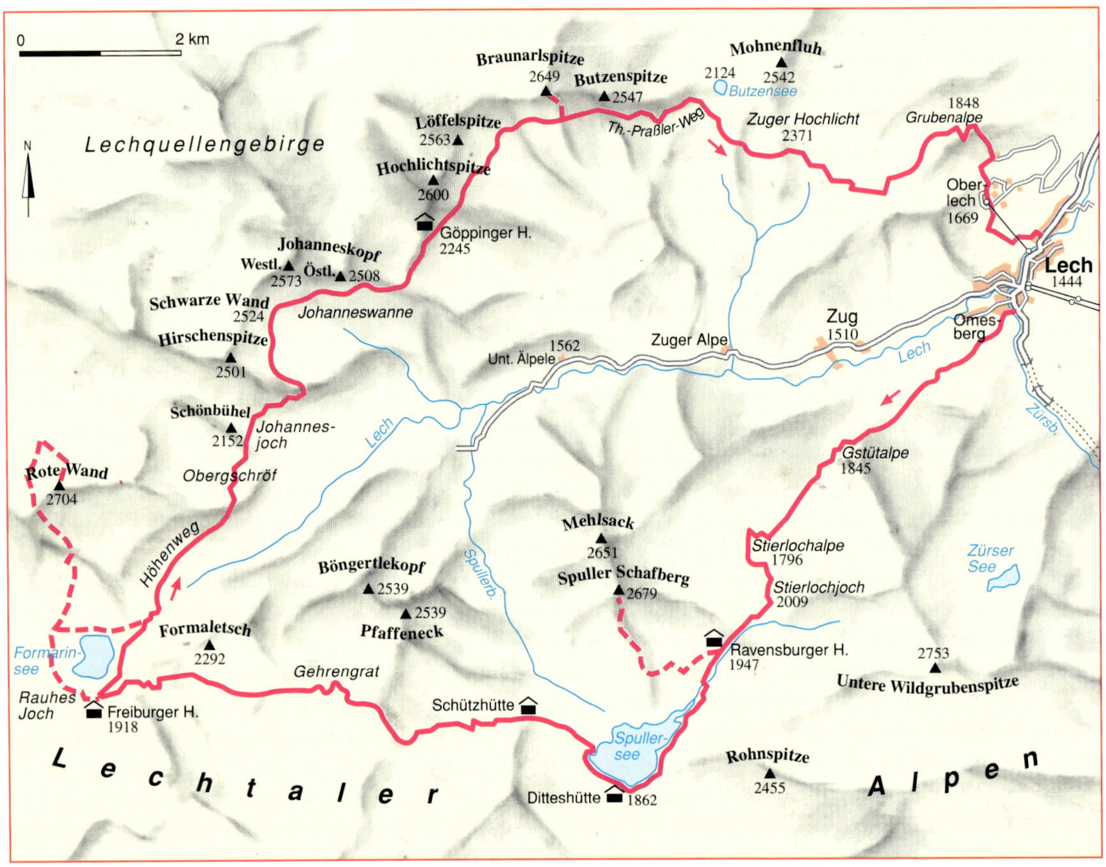

Das Lechquellengebirge – sind das nicht die Lechtaler Alpen? Die Antwort darauf lautet ja und nein. Wie der Name schon sagt, ist die Gebirgsgruppe das Quellgebirge des Lechs, und damit sollte man es eigentlich auch als Teil der Lechtaler Alpen sehen können.
Im engeren Sinn beginnen die Lechtaler Alpen aber erst westlich des Ortes Lech – und das auch nur auf der orographisch rechten Seite des Flusses (auf seiner linken Seite wird das Lechtal von den Allgäuer Alpen begrenzt). Die reichlich unklare Namensgebung in dieser Region wird aber noch verwirrender dadurch, dass das Lechquellengebirge (zumindest in älteren Veröffentlichungen) auch unter der Bezeichnung Klostertaler Alpen firmiert.

Die solide Steinbau der Ravensburger Hütte wurde 1912 erbaut und im Laufe der Jahrzehnte mehrfach erweitert. Die behaglich eingerichtete Hütte ist nicht nur Stützpunkt für die Lechquellenrunde, sondern auch Ausgangspunkt für den Spuller Schafberg.

Der ursprüngliche Natursee Spullersee wurde in den zwanziger Jahren durch zwei Staumauern zum Kraftwerkspeichersee ausgebaut.

Das Lechquellengebirge bietet eine abwechslungsreiche Rundtour mit Ausgangs- und Zielort Lech. Vom südlichen Ortsteil Omesberg steigt man über Almwiesen zur Gstütalm. Nach einer leicht abwärts führenden Querung passiert man die Stierlochalm und gelangt auf einem Fahrweg auf das Stierlochjoch; jenseits davon erreicht man etwa 50 Höhenmeter tiefer die Ravensburger Hütte.

ETAPPE 1

Der Hausberg der Ravensburger Hütte ist der Spuller Schafberg. Er ist kein langweiliger Grasbuckel, wie der Name vermuten lassen könnte, sondern ein durchaus lohnendes Gipfelziel, das im Gipfelbereich sogar leichte Kraxelei erfordert. Für diesen Abstecher sollte man einen halben Tag einplanen.

Auf der folgenden Etappe zur Freiburger Hütte steuert man zunächst den Spuller See an, einen Stausee der besonderen Art. Sein Wasser ist gegen zwei Täler hin gestaut, die in zwei Meere entwässern: Über den Spreubach im Süden fließt das Wasser dem Rhein und damit der Nordsee zu, während das Wasser des Spuller Bachs im Norden

Der Formaletsch – der Name kommt aus dem Rätoromanischen und heißt soviel wie Käserkopf – ist mit 2292 Meter Höhe einer der dankbarsten Aussichtsgipfel im Bereich der Freiburger Hütte. Auf dem Gipfeldach tummeln sich gelegentlich auch Murmeltiere.

über Lech und Donau letztendlich ins Schwarze Meer gelangt. Einen See, der direkt auf einer kontinentalen Hauptwasserscheide liegt, wird man kaum ein zweites Mal finden.
Wenn der See im Uhrzeigersinn umrundet wird, kommt man am Südufer zu einer kleinen am Weg liegenden Hütte. Dort zweigt nach links ein zunächst unscheinbarer Weg ab. Nach einigen Metern tauchen auf einem Felsen die Initialen des Tagesziels (F. H.) auf – eine Markierung, die auch im weiteren Verlauf den Weg weisen wird; zunächst über welliges Almgelände, dann zunehmend steil über einen (zumindest bei Nässe) nicht ungefährlichen Grashang auf den Gehrengrat. Auf der Kammhöhe wendet sich der Weg nach rechs hinauf, verlässt nach einem Flachstück den Grat nach links und führt unterhalb einer roten Vermessungsstange vorbei. Anfangs unauffällige Steigspuren führen nun zu einem Karstgebiet. Ein verwirrendes Kalklabyrinth mit scharfkantigen Karren und steilwandigen Schachtdolinen bietet eine beeindruckende Szenerie. Das Gelände verlangt aber auch vorsichtiges Gehen genau am markierten Steig. Bei Nebel ist besondere Aufmerksamkeit erforderlich, und bei Neuschnee sollte man besser ganz auf die Tour verzichten. Beim

Zwischen Gehrengrat und Formaletsch liegt die wildzerklüftete Karstlandschaft des Steinernen Meeres. Die hier typisch ausgeprägten Karren entstehen in einem chemischen Prozeß durch Lösung des Kalkgesteins in kohlensäurehaltigem Regenwasser.

Wandergruppe am Weg zur Göppinger Hütte.

Joch unter dem Formaletsch ignoriert man eine nach rechts (zu einigen kleinen Lacken) führende Abzweigung; eine weitere Abzweigung lässt man links liegen und kommt so zur Freiburger Hütte. Sie liegt wunderschön am Rauhen Joch über dem Formarinsee.

ETAPPE 2

Von der Freiburger Hütte aus zieht die Rote Wand die Blicke der Bergsteiger an und zeigt deutlich, warum sie ihren Namen hat: Die roten Kalke aus dem Lias sind nicht zu übersehen. Wer einen Tag übrig hat und genügend Erfahrung in hochalpiner Kraxelei (I–II) besitzt, wird der Verlockung nicht widerstehen können, auf diesen klassischen Gipfel zu steigen.

Den Weg von der Freiburger Hütte über die Göppinger Hütte bis Lech können stramme Geher durchaus an einem Tag zurücklegen. Empfehlenswert ist das jedoch nicht. Denn zum einen gibt es am Wegesrand und in der Ferne so viel Interessantes zu sehen, zum anderen locken auch noch zwei Gipfelabstecher – die Hochlichtspitze und die Braunarlspitze. Also plant man am besten gleich eine Übernachtung auf der Göppinger Hütte ein.

Die Göppinger Hütte wurde in den Jahren 1912/13 auf Anregung des Viertausendersammlers Karl Blodig errichtet. Die gemütliche, im Jagdhausstil erbaute Unterkunft ist von einem vielfältigen Tourengebiet umgeben. Von der Hütte hat man einen schönen Fernblick über das Lechtal.

Von der Freiburger Hütte führt ein Steig östlich oberhalb des Formarinsees vorbei zur Formaletschalpe hinunter. Vom Hüttenparkplatz geht man einige Meter auf der Straße bergab, östlich der Alm dann links auf einem unauffälligen Pfad weiter. Beim Unteren Johannesjoch heißt es rechts abbiegen; so kommt man zum Oberen Johannesjoch. Auf einem Ausläufer der Hirschenspitze angelangt, öffnet sich der Blick in die Johanneswanne, durch die nun der Weg in weitem Bogen führt. Danach wird der Östliche Johanneskopf umrundet, bevor es durch eine zerklüftete Felsregion (insbesondere bei schlechter Sicht genau auf die Markierungen achten!) zur Göppinger Hütte hinunter geht.
Von hier entweder auf dem markiertem Steig zur Hochlichtspitze und dann in der Hütte übernachten oder noch am selben Tag nach Lech. Dorthin

Braunarlspitze (2649 m) und Hochlichtspitze (2600 m) gehören zur Braunarlgruppe. Diese wiederum ist Teil der europäischen Wasserscheide: Quellbäche von drei großen Flüssen entspringen dort – der Lech, die Bregenzer Ache und der Lutz. Die Braunarlspitze ist durch zwei Alpenvereinssteige erschlossen und bietet eine umfassende Rundsicht.

Das Gipfelkreuz der Braunarlspitze.

geht man den Thomas-Praßler-Weg, der immer durch die sonnenexponierten Südhänge der Braunarlspitze und ihrer Trabanten führt.

ETAPPE 3

Man sollte auf jeden Fall einplanen, den Hauptgipfel, die Braunarlspitze, zu besteigen, denn der Steig im Schwierigkeitsgrad I (Wegweiser an der Abzweigung; in den Felsen auf die Markierungen achten!) bietet anregende Kraxelei, und vom höchsten Punkt eröffnet sich eine einmalige Fernsicht. Der weitere Rückweg führt an der Butzenspitze vorbei zum Butzensee, nahe diesem nach rechts, durch die Südhänge des Zuger Hochlichts zu den eindrucksvollen Gipslöchern und schließlich, einem der ausgeschilderten Wege folgend, durch das berühmte (im Sommer aber weniger reizvolle) Skigebiet über Oberlech hinunter nach Lech.

34 JUBILÄUMSWEG

Tief ins Grasgebirge

HÖCHSTER PUNKT
Bockkarscharte (2164 m)

ANFAHRT
Über Kempten und Sonthofen bzw. das Oberjoch nach Hindelang; dort, falls man von Sonthofen kommmt, vor dem Ort rechts in Richtung Hinterstein (866 m) im Ostrachtal. Am südöstlichen Ende des Ortes großer Parkplatz (gebührenpflichtig).

ZEITDAUER
Anstieg von Hinterstein zur Willersalp 2 Std., Übergang zum Prinz-Luitpold-Haus 7 Std., Abstieg zum Giebelhaus im Hintersteiner Tal $1^{1}/_{2}$ Std., nach Hinterstein 3 Std.; insgesamt $13^{1}/_{2}$ Std. Unbedingt 1 oder 2 Übernachtungen einplanen.

ANFORDERUNGEN
Großartiger Höhenweg auf gut begehbaren, aber zu Beginn und Ende manchmal steilen Bergsteigen. Der überwiegende Teil des Wegs führt ohne große Höhenunterschiede vom Geisseckjoch zum Prinz-Luitpold-Haus hinüber. Trittsicherheit und Bergerfahrung erforderlich.

HÜTTE/EINKEHR
Willersalp, 1456 m (privat, von Anfang Mai bis Ende September bewirtschaftet, 60 Lager; Tel. 0 171/9 93 98 47). Prinz-Luitpold-Haus, 1846 m (AV-Hütte, von Anfang Juni bis Mitte Oktober bewirtschaftet, 30 Betten, 142 Lager, 79 Notlager; Tel. 0 171/6 23 34 17). Giebelhaus, 1063 m (privat, ganzjährig bewirtschaftet, keine Übernachtungsmöglichkeit, Tel. 0 83 24/81 46).

KARTE
Topographische Karte Allgäuer Alpen L 8, 1:50 000 (BLVA)

Die Allgäuer Alpen lassen sich am besten auf ihren zahlreichen Höhenwegen entdecken. Die an Aussichten reichen, zum Teil bereits im letzten Jahrhundert angelegten Routen haben bereits Generationen von Bergwanderern und Bergsteigern unvergessliche Erlebnisse und Eindrücke beschert.

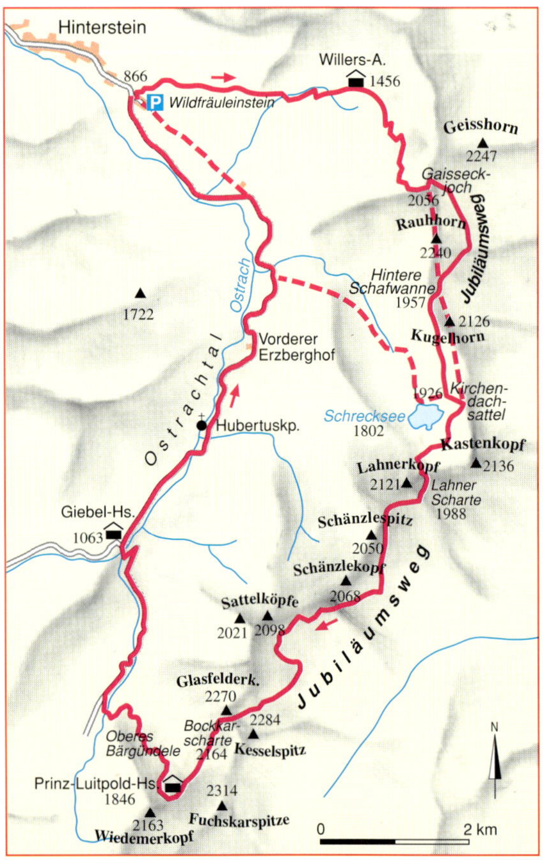

Der Jubiläumsweg ist sehr reizvoll. Er gehört zwar zu den längeren Touren, weist aber nur wenige anspruchsvolle Wegpassagen auf (abgesehen von den Variationsmöglichkeiten), und er ist gut mit größeren Kindern zu begehen. Man wählt am besten die Route von Norden nach Süden, denn so eröffnen sich auf dem Weg durch das Allgäuer Grasgebirge immer neue Eindrücke des vielfältigen Allgäuer Berglands. Der Weg schlängelt sich an der deutsch-österreichischen Grenze entlang (Ausweis nicht vergessen!).
Der schon 1899 eröffnete Jubiläumsweg war damals der Höhepunkt der 25-Jahr-Feier der Alpenvereinssektion Allgäu-Immenstadt, die diesen Höhenweg anlegen ließ. Die klassische Route startet oberhalb der Willersalp; man kann die Tour jedoch auch von Oberjoch angehen und dann über den Iseler (Lift), den Bschießer und den Ponten zum Einstieg am Geißeckjoch gelangen. Auch eine Fortsetzung über den Saalfelder Weg in die Tannheimer Berge ist möglich. Wer ein paar Tage Zeit hat, versucht sich zum Abschluss vielleicht noch am Hochvogel, den man am Ende des eigentlichen Höhenwegs vom Prinz-Luitpold-Haus aus in zweieinhalb Stunden besteigen kann.
Anstieg auf die Willersalp: Am besten startet man am Parkplatz in Hinterstein, wandert einen Almfahrweg ein Stück taleinwärts und folgt dann dem ausgeschilderten Alpweg Richtung Willersalp. Wer von Beginn an auf Bergwanderwegen laufen möchte, geht dagegen vom Parkplatz etwas in Richtung Ort und wandert bei den ersten Häusern von Hinterstein rechts den ausgeschilderten Weg (Willersalp) hoch. Über eine Wiese, dann in angenehm schattigem Wald durch die Südseite des Stuibenkopfs geht es in leichter Steigung in östlicher Richtung bis zum Willersbach, wo sich beide Wege treffen. Jenseits des Bachs in steilen Serpentinen hinauf, bis die Weideflächen der Willersalp (1456 m) erreicht sind. In der urigen Alp könnte die erste Etappe bereits ihren Abschluss gefunden haben. Wer sich dort am Abend bei Alpkäse und Wein gestärkt hat und hier übernachtet, sollte am

Das Rauhhorn (hier von Osten gesehen) am Auftakt des Jubiläumswegs bricht nach Westen und Osten mit schroffen Flanken ab. Auf seinem Gipfel befindet sich ein hohes Gipfelkreuz. Der Jubiläumsweg führt ostwärts um den Berg herum, eine Überschreitung ist aber ebenso möglich.

Tiefblick auf die Landsberger Hütte am Traualpsee. Den Zugang erreicht man durch eine Wegvariante vom Kirchendachsattel aus.

nächsten Morgen den Sonnenaufgang auf dem Bergkamm nicht versäumen.

Übergang zum Prinz-Luitpold-Haus: Von der Willersalp rechts haltend weiter, dann den Vordere Schafwanne genannten Talschluss hinauf und in Serpentinen zwischen Geisseck (2213 m) und Rauhhorn (2240 m) zum Geisseckjoch (2056 m). Nun rechts hinab (falls man nicht den Weg über den Gipfel vorzieht) in die Schutthalden auf der Ostseite des Rauhhorns – mit phantastischem Tiefblick auf den Vilsalpsee –, die man Richtung Süden quert. Dann steigt man sich rechts haltend wieder an und steuert auf die Hintere Schafwanne (1957 m) zu, die Einsattelung zwischen Rauhhorn und Kugelhorn (2126 m). Hier nun rechts auf der westlichen Seite des Grenzkamms hinunter (oder man nimmt den Steig über das Kugelhorn, der jedoch eine halbe Stunde mehr in Anspruch nimmt). Wir queren unter dem Kugelhorn hinab zum idyllisch in einer großen Mulde gelegenen Schrecksee (1802 m). (Von hier ist der Notabstieg ins Hintersteiner Tal möglich.)

Vom See führt der Weg zwischen Kastenkopf (2136 m) und Lahnerkopf in Kehren hinauf zur Lahnerscharte (1988 m), wo links der Saalfelder Weg in die Tannheimer Berge abzweigt. An dieser Stelle hat man einen direkten Blick auf den sich südlich aufbauenden Hochvogel, der zwar bei weitem nicht zu den höchsten, wohl aber zu den formschönsten Gipfeln der Allgäuer Alpen zählt. Wir gehen den Jubiläumsweg weiter. Bis zur Bockkarscharte bewegt man sich auf der östlichen (Tannheimer) Seite des Bergkamms mit schönen Blicken hinab ins Schwarzwassertal. Nun durch die Südostseite des Lahnerkopfs, und durch das Mitterkar wandert man nahezu eben unter den Spitzen der Schänzlespitz und des Schänzlekopfs zur sogenannten Notländ. Der weitere Wegabschnitt wird von den zerklüfteten Bergspitzen des Sattelkopfs dominiert. Nach Überquerung einiger steiler Rinnen umgeht man in weitem Rechtsbogen die Lärchwand und steigt schließlich anstrengend zur Bockkarscharte (2164 m) an, dem höchsten Punkt der gesamten Runde, falls man keine

Das Prinz-Luitpold-Haus am oberen Ende des Jubiläumsweges. Von nun an geht es bergab, ins Hintersteiner Tal. Hausberg der großen Alpenvereinshütte ist die auffällig gefaltete Fuchskarspitze.

Gipfelabstecher eingeplant hat. Nun geht es in leichter Wanderung durchs sogenannte Täle hinab zum Prinz-Luitpold-Haus (1846 m).
Abstieg ins Ostrachtal: Vom Prinz-Luitpold-Haus führt ein guter, aber teilweise recht steiler Weg über die Obere und Untere Bärgündelesalp zur Fahrstraße hinab, die hinaus nach Hinterstein führt. Auf dieser gelangt man dann rechts in einer halben Stunde zum Giebelhaus. Der Weiterweg nach Hinterstein würde nochmals drei Stunden Gehzeit beanspruchen.

VARIANTEN

Vom Schrecksee führt ein Notabstieg (falls Umstände eintreten, die ein Abbrechen der Tour ratsam erscheinen lassen) durchs Taufersbachtal ins Hintersteiner Tal. Der Steig ist streckenweise recht steil, aber gut zu begehen und endet beim E-Werk an der Straße. Wer dem Höhenweg noch ein paar zusätzliche bergsteigerische Reize abgewinnen will, hat die Möglichkeit, ab dem Geissecksattel das Rauhhorn (2240 m) und das Kugelhorn (2126 m) auf einem angelegten Steig in direkter Linie von Norden nach Süden zu überschreiten. Vom Kirchendachsattel steigt man zum Schrecksee hinab, wo man wieder auf den Jubiläumsweg trifft.

DER LOWA-TIP!

Die letzten drei Wanderstunden zwischen Giebelhaus und Hinterstein kann man auch ohne Anstrengung ausklingen lassen. Winters zwischen 10.45 und 17 Uhr und sommers zwischen 7 und 18 Uhr verkehren täglich Busse der privaten Firma Wimmer & Wechs, Tel. 0 83 24/82 27 oder 22 77, Hin- und Rückfahrt etwa DM 5,–.

Über dem Schrecksee erhebt sich der steil ins Ostrachtal hinabschauende Älpeleskopf. Seine steilen Hänge sind besonders für den botanisch Interessierten eine Fundgrube. Am Schrecksee ist etwa die Hälfte des Jubiläumsweges erreicht.

Beim Abstieg von der Fuchskarspitze.

35 SENTIERO ROMA

Höhenweg überm Veltlin

HÖCHSTER PUNKT
Passo Cameraccio (2954 m)

ANFAHRT
Mit dem Auto: Über Bregenz–Chur–Splügenpass oder über Garmisch–Landeck–Maloja–Chiavenna ins Veltlin oder über Landeck–Berninapass–Tirano–Sondrio (kürzeste Strecke) und von Ardenno/Masino (19 km westl. von Sondrio) nach Bagni di Masino Mit der Bahn: Von Innsbruck nach Landeck, mit dem Bus nach Scuol, weiter mit der Rhätischen Bahn über Samedan–Berninapass–Tirano–Sondrio; oder München–Verona–Mailand–Lecco–Sondrio; von Sondrio mit dem Bus ins Val Màsino.

ZEITDAUER
Bagni del Màsino (1172 m)–Rif. Gianetti (2534 m) 4–5 Std., Rif. Gianetti–Passo Camerozzo (2765 m)–Bivacco Molteni (2510 m) 2½–3 Std., Bivacco Molteni–Passo Qualido (2647 m)–Passo dell'Averta (2540 m)– Rif. Allievi (2385 m) 3½ Std., Rif. Allievi–Passo Val Torrone (2518 m)–Biv. Manzi (2538 m) 2 Std., Biv. Manzi–Passo Cameraccio (2954 m)–Bocchetta Roma (2875 m)–Rif. Ponti (2559 m), 4–5 Std. Rif. Ponti–Preda Rossa (P) 2 Std.–Cataeggio (790 m) 2½ Std. (in umgekehrter Richtung insgesamt 5–6 Std.); Gesamtgehzeit 20 Std. bzw. 3–4 Tage.

AUSRÜSTUNG
Schlafsack, Pickel; Steigeisen und leichtes Seil empfehlenswert.

ANFORDERUNGEN
Alpine Erfahrung, Kondition, Trittsicherheit, Schwindelfreiheit und Orientierungsvermögen vorausgesetzt.

HÜTTEN/EINKEHR
Rif. Gianetti, 2534 m (CAI-Hütte im riesigen Kessel des Valle Porcellizzo, von Ende Juni bis Anfang September bewirtschaftet, 90 Schlafplätze; Tel. 00 39/03 42/64 52 52). Bivacco Molteni, 2510 m (Notunterkunft im Valle del Ferro, 9 schmale Lager). Rif. Allievi-Bonacossa, 2385 m (CAI-Hütte im Val Zocca, bewirtschaftet von Mitte Juni bis Ende September, 130 Schlafplätze; Tel. 00 39/03 42/61 42 00). Bivacco Manzi, 2538 m (Notunterkunft im Val Torrone, 9 Lager). Rif. Ponti, 2559 m (CAI-Hütte über dem Valle Preda Rossa, von Mitte Juni bis Ende September bewirtschaftet, 50 Schlafplätze; Tel. 00 39/03 42/64 08 60). Gasthaus in San Martino, 923 m.

KARTE
Sciora 1296, 1:25000 (Landeskarte der Schweiz)

FÜHRER
Paul Nigg: Bergell, Gebietsführer für Wanderer, Bergsteiger und Kletterer, Bergverlag Rudolf Rother

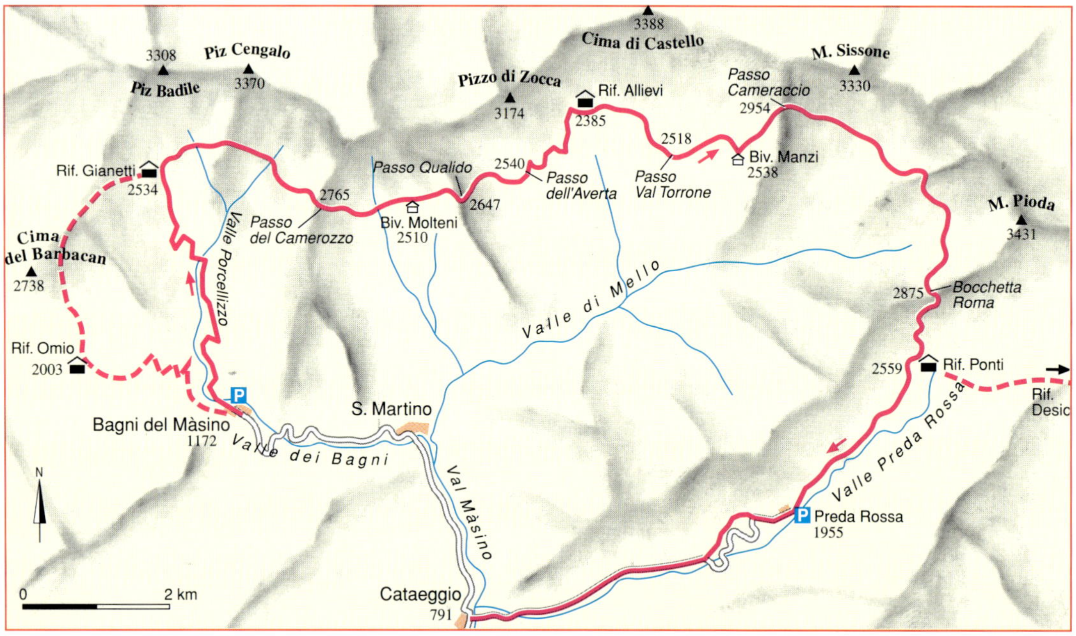

**Dieser unvergleichliche Höhenweg mit einigen Kletterstellen und immer wieder wunderbaren Ausblicken verläuft auf der Veltliner Licht- und Sonnenseite. Er führt unter den als Kletterparadies berühmten Bergeller Granitkolossen und Türmen entlang, die sich auf der Nordseite des Gebirges mit enormen Wandfluchten über zerklüfteten Gletschern zeigen.
In seinem Kernstück bewegt sich das durchgängig gut mit Markierungen versehene Weglein zwischen Höhen von 2300 bis 3000 Metern und durchquert damit hochalpines Gelände.**

Der Aufstieg zum Rifugio Ponti führt durch das einsame Valle di Preda Rossa.

Der Torrione Orientale aus dem »Anfiteatro« des Valle Cameraccio.

Der Höhenweg führt über Granitplatten, kurze Kletterstellen und ausgesetzte Passagen an Drahtseilen, zudem über steile Schneefelder und -rinnen, er ist also kein Spazierweg. Die Ausblicke sind phantastisch – ganz egal, ob man von Westen nach Osten der Sonne entgegen geht oder umgekehrt, jede Richtung hat ihre Reize.

Von allen Hütten gibt es sogenannte Fluchtwege, d. h. gekennzeichnete Abstiege ins Tal. Der Hüttenaufstieg beginnt in Bagni del Màsino. Aus dieser Parklandschaft geht es im Zickzack durch Wald zu der Alm Corte Vecchia (1405 m) und mit Umgehung einer Felsbarriere ins Valle Porcellizzo. Nach der Alpe Zoccone (1899 m) quert man im flachen Talboden den Bach und erreicht auf der linken Talseite über gestuftes Gelände das Rif. Gianetti (2534 m). Wie auf einem Aussichtsbalkon liegt die massive Hütte zu Füßen des berühmten Piz Badile. Schon beim Aufstieg kann man die Nordreihe der schön geformten, wuchtigen

Namenlose Felsspitze am Passo Cameraccio. Der Anstieg auf den Pass erfolgt über Geröll- und Schneefelder. Von hier bietet sich auch ein schöner Blick auf den das ganze Gebiet beherrschenden Monte Disgrazie (3678 m).

Granitgipfel Badile, Cengalo und Gemelli bewundern. Im Osten begrenzt ein wilder Felsgrat das Valle Porcellizzo, auf dessen schwer zugänglichem Südpfeiler, der Cima del Cavalcorte (2763 m), sogar noch Adler nisten.

Am zweiten Tag durchquert man auf dem Sentiero das weite Becken des Valle Porcellizzo unter dem Piz Cengalo mit seinem grazilen Südgrat nach Osten. Unter den Pizzi Gemelli wendet sich der Steig mehr nach Süden zum Passo del Camerozzo (2765 m), zu dem man kurz, aber etwas schwierig mit Hilfe von Drahtseilsicherungen hinaufklettert. Vorsicht beim Abstieg nach Osten!

Vom Pass geht es zunächst ausgesetzt rechts, dann links über Felsbänder und Platten zum Fuß des Grats. Über Geröll führen die zahlreichen Markierungen im Val del Ferro in die Nähe der Notunterkunft Bivacco Molteni (2510 m), die sich unterhalb des Wegs lawinengeschützt unter einen Felsblock duckt. In der Nähe ist eine Quelle.

Abstieg vom Passo Cameraccio. Im Hintergrund sieht man das Bivacco Manzi als Farbfleck in einer grauen Umgebung.

Am Bivacco Manzi. Im Bildhintergrund (Mitte) sieht man die Punta Fernario, daneben (rechts) die »Lokomotive«, die »Cleopatra« und den Torrione Orientale.

Über Wiesen leitet nun der Sentiero zum markanten Passo Qualido (2647 m). Vorsicht erfordert auch hier der kurze Abstieg ins Val Qualido und eine Stunde später ebenso der Passo dell'Averta (2540 m). Der Rundblick vom Pass trifft im Norden auf den massigen Pizzo di Zocca und weiter nach Osten auf die Cima di Castello, Punta Rasica, Torrone Orientale und wird schließlich gefesselt vom alles überragenden vergletscherten Monte Disgrazia im Hintergrund.

Vom Pass steigt man zunächst nach links ab, hält nun auf den Gratausläufer des Pizzo di Zocca zu und gelangt danach rasch zum Rif. Allievi-Bonacossa (2385 m). Neben dem alten kleinen Rif. Allievi wurde Ende der Achtzigerjahre eine größere Hütte gebaut. Hier kann der Wanderer Kräfte für die nächste, etwas mühsame Etappe sammeln.

Vom Rif. Allievi-Bonacossa geht man im Bogen auf gutem Steig den Talkessel des Val Zocca bis zum Passo Val Torrone aus (2518 m). Der gesicherte Abstieg von diesem Pass führt in den wilden Talkessel des Val Torrone hinab. Nach der Schuttrinne am Fuß des Picco Amadeo quert man ein Steilstück und Felsplatten, lokal Piodesse genannt, zur Mitte des Tals. Besonders schön ist hier die Sicht auf die senkrechte Ostwand des Picco Amadeo, weiter rechts die Torrone Occidentale und Centrale, die Punta Ferrario, die grazile Felsnadel Cleopatra und den Torrone Orientale, an dessen Fuß der Passo Cameraccio liegt. Beim Aufstieg zum Pass sieht man rechts am Felsen das rote Bivacco Manzi (2538 m) stehen und folgt den häufig auftauchenden Markierungen etwas mühsam über Geröll bis zum Schneefeld am Fuß des Torrone Orientale. Bei ungünstigen Verhältnissen braucht man an dieser Stelle Pickel und Steigeisen.

Rechts vom breiten Pass steht eine namenlose elegante Felsspitze und der Blick über das riesige Amphitheater des Val Cameraccio zur schlanken Pyramide des dominierenden Monte Disgrazia (3678 m) ist hier außergewöhnlich schön. Über Schnee und lockeres Gestein kommt man in den

Blick vom Passo di Barbacan auf einige der berühmten Bergeller Felsgipfel. Von links: Piz Badile, Pizzo Cengalo und die Pizzi Gemelli.

riesigen Talkessel und durchwandert ihn fast eben bis zum Schnittpunkt mit dem Steig, der aus dem Val di Mello kommend zum Bivacco am Passo di Mello hinaufführt. Der Sentiero quert weiterhin den Talkessel bis zum Südwestgrat des Monte Pioda, in dem die Bocchetta Roma liegt. Der steile Aufstieg zur Bocchetta (2875 m) über Schnee, Felsplatten und Blockgestein kann Schwierigkeiten bereiten, besonders, wenn man diesen Weg am kalten Morgen in Gegenrichtung begeht. Das südlich von der Scharte liegende Rif. Ponti (2559 m) wird im Abstieg bald sichtbar, und über Geröll hat man es auch rasch erreicht.
Am Tag darauf folgt der Abstieg zum Piano di Preda Rossa, einer bezaubernden Hochfläche, durch die sich der hier zahm gewordene Wildbach mäandernd seinen Weg gesucht hat. Vom Parkplatz folgt man dem Fahrsträßchen hinunter nach Cataeggio im Val Màsino. Mit Bus oder Taxi gelangt man von dort zurück zum Auto.
Beschrieben ist hier das Kernstück des Sentiero Roma, das bereits vor dem Ersten Weltkrieg von den Italienern zur besseren Kontrolle der Schweizer Grenze, die über den Gipfelkamm verläuft, angelegt wurde. Bis in die Achtzigerjahre war der selten begangene Weg noch ein Abenteuer in fast unberührter, wilder Gebirgslandschaft. Das hat sich in den letzten Jahren geändert. Durch bessere Markierung, Anbringung von Drahtseilen an schwierigen Stellen und Verlängerung des Wegs hat er an Beliebtheit enorm gewonnen. Heute ist es ratsam, in der Zeit von Mitte Juli bis Anfang September die Quartiere vorzubestellen, wenigstens von Hütte zu Hütte.

VARIANTEN

Wenn man Zeit hat, kann man den Weg nach Westen und Osten beliebig erweitern. Von Bagni del Màsino ist der kürzere Aufstieg zum schön gelegenen Rif. Omio im Val dell'Oro mit großartiger Sicht bis zum Monte Disgrazia besonders empfehlenswert. Zum Rif. Gianetti geht's dann über den Ostgrat der Cima del Barbacan mit herrlicher Rundschau auf die grandiose Umrahmung des Val Porcellizzo. Noch interessanter ist es, den Weg in Novate Mezzola am Lago di Mezzola, der Verlängerung des Comer Sees, zu beginnen. Durch das Val Codera führen unzählige Steinstufen zum Dorf Codera und weiter durch das romantische Val Codera zum Rif. Brasca. Durch einsame Wildnis dann anstrengend zum Passo dell'Oro und über grasbewachsene Hänge zum gastfreundlichen Rif. Omio. Die Verlängerung des Wegs über das Rif. Ponti hinaus führt über den Passo di Corna Rossa mit dem Rif. Desio und zum Rif. Bosio. Von dort entweder über den Passo Ventina zum Rif. Porro und nach Chiareggio, oder Abstieg nach Chiesa im Valmalenco. Wer dann noch nicht genug hat, kann hier den schönen Alta Via della Valmalenco dranhängen!

Beim Abstieg vom Rifugio Gianetti ins Val Porcellizzo: Im Rückblick erkennt man den Pizzo Cengalo, die Pizzi Gemelli und die Cima Bondasca.

Das Rifugio Oma mit der Punta Milano im Hintergrund.

KLAMMWANDERUNGEN

Auf steilen Steigen ins Herz der Berge: tosendes Wasser, geschliffener Fels – Vielfalt der Natur.

An den Kuhflucht-Wasserfällen (links) im Werdenfelser Land. Die großblütige Gemswurz (rechts) wird bis zu fünfzig Zentimeter groß.

Wasser hat die Berge seit Urzeiten geformt. Im Laufe dieses Prozesses entstanden auch einige kleine Naturkunstwerke – die Klammen und Wasserfälle. An zahlreichen Stellen in den Alpen kann man dieses Wirken des Wassers noch hautnah erfahren und erleben. Abenteuerliche Ausflüge in die schönsten Winkel der Gebirgsbäche über kunstvoll angelegte Steige, Leitern und Wege führen in eine Welt verschiedenartigster Gesteinformen. Viele dieser Steige wurden bereits im letzten Jahrhundert zur Unterstützung der Holztrift angelegt und nach ihrer Entdeckung Touristen zugänglich gemacht.
Das Tosen des Wassers, das Spiel des Lichts, das natürliche grüne Pflanzenkleid ergeben eine Symphonie von Sinneseindrücken, die sich dem Wanderer einprägen.

36 TSCHEPPASCHLUCHT

Eine kühne Steiganlage

HÖCHSTER PUNKT
Gasthaus Deutscher Peter, 702 m (Windisch-Bleiberg, 948 m)

ANFAHRT
Über Klagenfurt bzw. durch das Rosental in Kärnten nach Ferlach, weiter Richtung Loiblpass. Direkt an der Bundesstraße, 800 Meter hinter Loibl, befindet sich der große Parkplatz Tscheppaschlucht mit Kiosk. In der Regel wird die Klamm bergwärts durchstiegen, man kann die Tour aber auch beim Gasthaus Deutscher Peter beginnen.

ZEITDAUER
Parkplatz–Klammeingang 20 Min., die eigentliche Klamm durchwandert man in knapp 1 Std., noch $^1/_2$ Std. bis zum Gasthaus Deutscher Peter. Für den Aufstieg von der Weggabelung über die Teufelsbrücke zum Tschaukofall und weiter nach Windisch-Bleiberg (Busverbindung) $1^1/_4$ Std.; insgesamt knapp 2 Std. (Rückkehr mit Bus), bzw. die Variante nach Windisch-Bleiberg $2^3/_4$ Std. (Rückkehr mit Bus über Deutschen Peter und nach Ferlach).

ANFORDERUNGEN
Gut instand gehaltene, ausgeschilderte Steiganlage mit Brücken, Stufen, steilen Treppen und Leitern. An ausgesetzten Stellen durch Geländer gesichert. Wer die Tour mit kleineren Kindern unternimmt, sollte sie unbedingt mit Brustgeschirr und kurzem Seil sichern. Die Schlucht ist von Mai bis Oktober gegen Eintritt zugänglich.

HÜTTE/EINKEHR
Jausenstation beim Goldenen Brünnl am Eingang der Schlucht (von Anfang Mai bis Ende Oktober bewirtschaftet). Gasthaus Deutscher Peter an der Loiblpassstraße. Gasthäuser Kirchenwirt und Feidlwirt in Windisch-Bleiberg.

KARTE
WK 234 Klopeiner See · Rosental · Klagenfurt, 1: 50 000 (Freytag & Berndt)

Die Tscheppaschlucht – sicherlich eine der schönsten in Österreich – liegt im Gemeindegebiet von Ferlach. Diese südlichste Stadt Österreichs befindet sich direkt an der Loiblpassstrasse, dem wichtigsten Passübergang zwischen Österreich und Slowenien. Bereits im Mittelalter – vermutlich sogar früher – führte hier ein Saumweg über St. Anna nach Krainburg im Savetal; der Ausbau zur Straße erfolgte im Jahr 1575. Am oberen Ende der Tscheppaschlucht befindet sich das Gasthaus Deutscher Peter, das schon seit 1500 besteht und sich seit den letzten 300 Jahren im Besitz der Familie Tschauko befindet. Nach ihr ist auch der berühmte Wasserfall am Weg ins Bodental benannt. Der Name Tscheppa stammt von einem kleinen Bergkegel oberhalb der Schlucht. Sie wird im Volksmund Spinnstube genannt, denn nach der Sage sollen die saligen Frauen – Kärntner Sagengestalten – hier ihre Schicksalsfäden gesponnen haben.

Vom Parkplatz an der Loiblpassstraße wandert man zuerst auf dem ausgeschildertem Zugangsweg durch Wald in den Loiblgraben hinab. Von dort führt rechts ein breiter Wanderweg den Loiblbach entlang, auf dem man zum Eingang der Schlucht (20 Min. vom Parkplatz) gelangt; dort ist ein Obulus zu entrichten. Hier befindet sich auch das Tscheppa-Mandl mit dem Goldenen Brünnl, das den Weg weist. Abgesehen von den Gaststätten in Windisch-Bleiberg läßt sich im Goldenen Brünnl bei gutem Wetter eine Einkehr im Freien am besten genießen, denn beim Deutschen Peter am Ende der Schlucht wird nur im Innern des Gasthauses bedient.

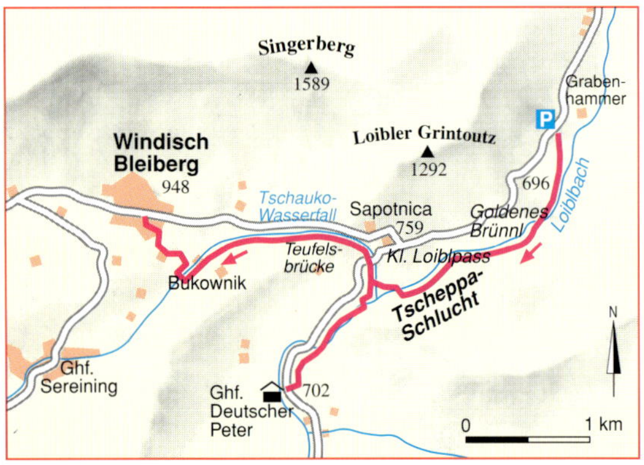

Die eigentliche Schlucht erreicht man erst 10 Minuten später. Man wandert dann auf der linken Talseite über einen gesicherten Steig mit Holzgeländer und zahlreichen Stufen – zum Teil weit oberhalb des Schluchtgrunds – zwischen den immer enger werdenden Felsen. Man überquert einige kleine Brücken und muß zahlreiche Stufen hinauf- und hinuntersteigen.

Das Finale folgt dann auf der rechten Seite der Schlucht. Steile Leitern lenken hoch über den Bach in das Seitental, wo sich der Bodenbach und der Loiblbach treffen. Nach etwa einer dreiviertel

Einige recht einfache Wegpassagen leiten den Besucher hinein in die Tiefe der Klamm. Dann wird es ernst: Steile Stufen und Treppen, ausgesetzt über dem tief eingeschnittenen Bach, vermitteln ein kühnes Schauspiel aus Wasser und Fels, aus Licht und Schatten.

Durch enge Anschnitte zwängt sich das Wasser der Tscheppa durch die Felsen.

Stunde ab Klammeingang ist dann die Wegverzweigung erreicht, bei der man sich entscheiden muss, wie man weitergehen will. Wenn man sich links hält und über eine Brücke zum oberen Teil der Schlucht, der sehr reizvoll ist, weitergeht, erreicht man das Gasthaus Deutscher Peter mit Bushaltestelle. Die Route, die geradeaus weiterführt, leitet zur Bundesstraße hinauf. Diese überquert man, um jenseits einem gut ausgebauten Steig zum Tschaukofall zu folgen. Vorbei an der Teufelsbrücke erreicht man den Wasserfall (1/2 Std. Gehzeit ab der Wegverzweigung). Über ihn stürzen 500 Liter Wasser pro Sekunde aus einer Höhe von 26 Metern in die Tiefe. Von hier aus geht man noch eine dreiviertel Stunde den Bodenbach entlang durch das berühmte Felsentor bis hinauf nach Windisch-Bleiberg (948 m). Dem Bergwerksort, der abgeschirmt in einem stillen Seitental liegt, sollte man unbedingt einen Besuch abstatten. Hier kann man vielleicht beim Kirchenwirt einkehren und sich die Kärntner Kasnudeln schmecken lassen, bevor man in den Bus steigt, der zurück ins Tal fährt.

VARIANTE

Wer die Wanderung zu einer ausgedehnten Tour gestalten möchte, spart sich die Anfahrt Richtung Loiblpass und startet die Tour bereits am Bahnhof der Büchsenmacherstadt Ferlach (466 m). Man wandert zuerst nach Unterloibl (518 m), dort durch den Ort, bis sich beim Gasthof Schellander der Weg zum Grabenhammer (556 m) fortsetzt. Man quert zweimal den Loiblbach und erreicht auf schönem Waldweg den Eingang zur Schlucht beim Goldenen Brünnl (knapp 1 Std. Gehzeit). Diese Route kann man ebenfalls ideal mit dem Fahrrad machen.

DER LOWA-TIP!

Ferlach besitzt ein interessantes Museum, das über die Geschichte der Büchsenmacherei informiert. Hier erfährt man zum Beispiel, dass der Revolver nicht im Wilden Westen der USA entwickelt wurde, sondern in Ferlach, am Fuß der Karawanken. Museum im Rathaus am Hauptplatz. Die Öffnungszeiten sind von Mai bis Oktober täglich 9–12 und 15–17 Uhr (Tel. 00 43/42 27/53 04).

37 ALMBACHKLAMM

Wildes Bergwasser am Untersberg

HÖCHSTER PUNKT
Ettenberg (832 m)

ANFAHRT
Autobahn Salzburg bis Ausfahrt Salzburg-Süd und weiter Richtung Berchtesgaden. Das Gasthaus Kugelmühle, der Ausgangspunkt, liegt auf halber Strecke zwischen Marktschellenberg und Berchtesgaden an der Bundesstraße. Von der Abzweigung zur Almbachklamm noch 300 m; dort Parkplatz. Von Berchtesgaden besteht eine Busverbindung zur Almbachklamm.

ZEITDAUER
Durchschreitung der Klamm knapp 1 Std., Aufstieg nach Ettenberg $^3/_4$ Std., Rückkehr zum Ausgangspunkt $^3/_4$ Std.; insgesamt $2^1/_2$ Std.

ANFORDERUNGEN
Durch Geländer und Stahlseile abgesicherter, markierter Steig. Trotzdem Vorsicht, wenn man mit Kindern unterwegs ist!
Gutes Schuhwerk ist Voraussetzung. Der Abstieg von Ettenberg ist steil.

HÜTTE/EINKEHR
Gasthaus Kugelmühle, 500 m (ganzjährig bewirtschaftetes Gasthaus mit Übernachtungsmöglichkeit;
Tel. 0 86 50/4 61).
Gasthaus Mesnerwirt, 832 m (ganzjährig bewirtschaftetes Gasthaus mit Biergarten;
Tel. 0 86 50/2 45).

KARTE
Topographische Karte Berchtesgadener Alpen L 4, 1:50 000 (BLVA)

Der Almbach weist zwischen der Theresienklause im oberen Teil und dem Klammaustritt ein Gefälle von 200 Höhenmetern auf – ideal für das Triften von Holz, das früher für die Salinenbetriebe im Berchtesgadener Land dringend benötigt wurde. Von 1861 bis 1865 ließ der königliche Salinenoberförster C. Mayr im unteren Teil der Klamm einen Steig errichten. Im Jahr 1881 nahm sich der Verschönerungsverein von Berchtesgaden des mittlerweile vernachlässigten Steigs an und ließ ihn mit Eisengeländern versehen, um ihn für touristische Zwecke nutzbar zu machen. Ein bayerisches Pionierbataillon führte 1894 weitere Arbeiten aus; 2428 Meter der Wegstrecke wurden bis zur Theresienklause hinauf neu angelegt beziehungsweise erneuert. Zu Ehren der am Bau Beteiligten trägt der Klammweg noch heute den Namen Pionierweg.

Am Eingang zur Klamm trifft man neben dem Gasthaus Kugelmühle auf einen der ältesten Gewerbebetriebe Bayerns, die Untersberger Marmorkugelmühle, die seit 1683 in Betrieb ist. Noch im 19. Jahrhundert wurden am Almbach vierzig solcher Kugelmühlen betrieben, die den armen Bergbauern ein zusätzliches Einkommen verschafften. Die als Kinderspielzeug beliebten Schusser oder Murmeln gingen damals von hier in alle Welt, heute wird nur noch für die Touristen produziert. Nachdem man Eintritt bezahlt hat – er wird bereits seit dem Jahr 1904 erhoben –, darf man in die Klamm und wandert dann zum Teil am Almbach entlang, zum Teil auf dem in den Fels getriebenen Steig durch die enge Klamm, in der es tost und braust – einige der Gumpen laden sogar zu einem Bad ein. Nach einer dreiviertel Stunde hat man den aufregendsten Teil hinter sich, und ein Schild weist rechts den Aufstieg zum Wallfahrtsort Ettenberg. Ihn erreicht man über steile, gestufte Serpentinen und durch Wald. In Ettenberg kann man beim Mesnerwirt einkehren.

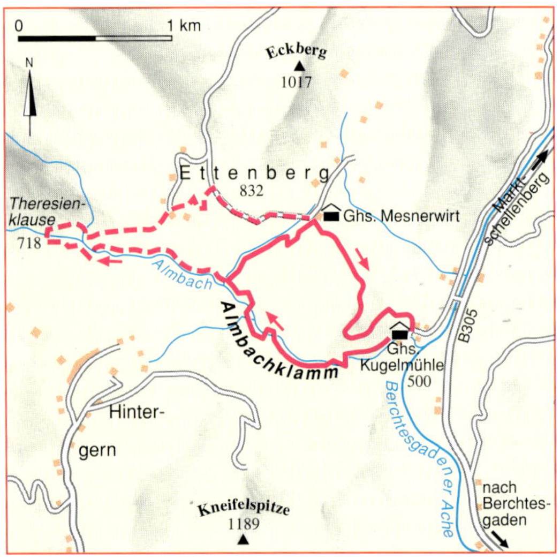

Den Abstieg macht man über die Hammerstielwand. Dazu folgt man der Ausschilderung bei der Kirche (Almbachklamm–Bushaltestelle). Zuerst geht es an einem langen Haselnusszaun entlang, bis der Weg in steilen, aber gesicherten Kehren durch Wald hinab zum Ausgangspunkt führt.

VARIANTEN

Falls man die Wanderung etwas ausdehnen möchte, folgt man dem Almbach nach der Abzweigung Richtung Ettenberg noch gut eine halbe Stunde länger. Zuerst wandert man weiter auf der rechten Seite des Bachs, quert ihn nach etwa einer halben

Die Almbachklamm wurde im 19. Jahrhundert noch zum Triften von Salinenholz verwendet. Heute steht der touristische Aspekt im Vordergrund. 29 Brücken und Stege wurden angelegt, um die Klamm begehbar zu machen. Ein schnelles Bad im kühlen Wasser ist möglich.

Die Kirche von Ettenberg. Am Ende der Wanderung erwartet den Wanderer der Biergarten im Gasthof Mesnerwirt.

Stunde und erreicht nach wenigen Minuten die Theresienklause (718 m). Der mächtige Steinquaderbau mit einer Staumauer (14 m hoch) wurde von 1834 bis 1836 zu Triftzwecken erbaut. Dort quert man erneut den Almbach nach rechts und folgt dann dem in die Felsen gebauten Steig wieder talwärts. Man überquert den Steingraben und wandert erneut bergwärts zum Weiler Gastag hinauf. Dort wird die Zufahrtsstraße aus dem Tal nach Ettenberg erreicht. Dieser folgt man rechts bis zur Kirche mit dem Mesnerhaus in Ettenberg.

DER LOWA-TIP!

In jedem Jahr am ersten Wochenende nach dem Namenstag der heiligen Anna (26. Juli) findet als fester Bestandteil des Berchtesgadener Brauchtums das Ettenberger Annafest statt. Eingeleitet wird das Fest am Samstag durch eine Lichterprozession und durch die Weihnachtsschützen, am Sonntag folgen dann die Betstunden und das Hochamt. Nach der Prozession durch die Feldfluren leiten Ehrensalven zum volkstümlichen Teil des Annafestes über.

Weitere Informationen:
Fremdenverkehrsamt Berchtesgaden,
Tel. 0 86 52/96 70

38 PARTNACHKLAMM

Eine spektakuläre Unternehmung

HÖCHSTER PUNKT
Eckbauer (1237 m)

ANFAHRT
Mit dem Auto: Auf der Autobahn und Bundesstraße bis Garmisch-Partenkirchen und dort in Richtung Klais/Mittenwald. Vor dem Ortsende rechts zum Olympiastadion abbiegen. Dort Parkplatz. Mit der Bahn: Vom Bahnhof Garmisch-Partenkirchen die Partnach entlang zum Olympiastadion.

ZEITDAUER
Skistadion–Partnachklamm 1 Std., weiter über Vordergraseck zum Eckbauer 1 1/2 Std., Abstieg über Vordergraseck und Klammbrücke 1 1/2 Std.; insgesamt 4 Std. Wenn man für den Auf- oder Abstieg die Eckbauerbahn nimmt, spart man 1–2 Std.

ANFORDERUNGEN
Markierte und gut ausgebaute Wanderwege. Auch an Schönwettertagen empfiehlt sich für die Partnachklamm wegen des Tropfwassers ein leichter Regenumhang.

HÜTTE/EINKEHR
Berggasthaus Eckbaueralm auf dem Eckgipfel. Gasthöfe am Vordergraseck, jeweils auch im Winter bewirtschaftet.

KARTE
Topographische Karte Karwendelgebirge · Werdenfelser Land L 5, 1: 50 000 (BLVA)

Eine Durchquerung der Partnachklamm bei Garmisch-Partenkirchen ist sicher etwas Besonderes. Dieser Weg ist so ganz anders als die üblichen Gipfeltouren – er mutet fast schon ein bisschen wie eine Höhlenbegehung an. Anstatt von oben ins Tal oder auf die Berge herabzuschauen, durchquert man ihre Tiefe, riecht das Gestein, das Moos und die Feuchtigkeit, hört das laute Tosen des Wassers, das nebenan durch die Enge schießt, und man zuckt zusammen, wenn man einen Tropfen davon abbekommt.
An die relativ kurze Durchquerung der Klamm schließt sich eine kleine Bergwanderung der klassischen Art an. Sie führt den Wanderer nicht nur wieder ans Tageslicht, sondern man gelangt auf ein Gipfelchen und geht an mehreren Gasthöfen vorbei.

Vom Olympiastadion in Garmisch-Partenkirchen spaziert man auf asphaltiertem Weg zuerst die Partnach aufwärts. Bald endet die Asphaltstraße, und man wandert auf einem breiten Fußweg bis zum eigentlichen Klammeingang. Schon sind auch die Talwände viel enger aneinandergerückt als vorher.

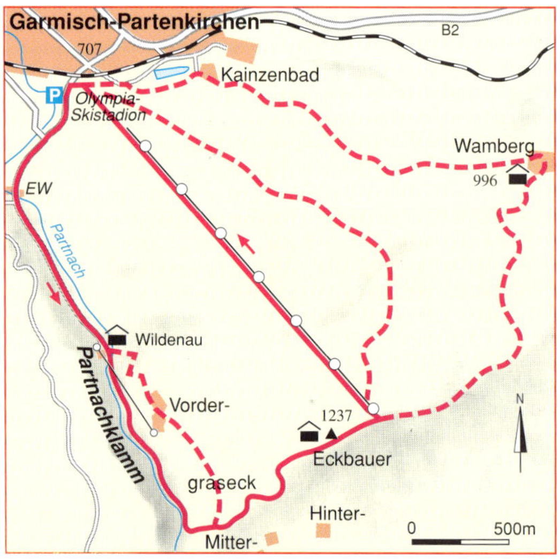

Nachdem man sein Eintrittsgeld entrichtet hat, darf man sich in die Enge der Klamm zwängen. Der schmale Weg ist in die Felswände gehauen, und es haben nur zwei bis drei Personen nebeneinander Platz. Die Tunneldurchschlüpfe sind noch viel enger, der Gegenverkehr kommt gerade so vorbei. Von oben tropft und rieselt das Wasser herab, und wenn man hoch schaut, sieht man 20 bis 30 Meter über sich die Bäume und den Himmel zwischen den Felsen durchschimmern. Der Weg ist oben auf seiner gesamten Länge mit einem Geländer gesichert. Man kann sich Zeit lassen, denn der Weg durch die Klamm ist nicht sehr lang – in einer halben Stunde hat man sie durchwandert. An ihrem Südende tritt man am Zusammenfluss der Partnach und des Ferchenbachs wieder in die Sonne hinaus. Hier beginnt nun der »normale« Teil der Wanderung, der über das Vordergraseck zum Aussichtspunkt Eckbauer führt.

VARIANTE

Vom Eckbauer kann man direkt zum Skistadion oder über das Dörfchen Wamberg mit seinem hübschen Kircherl hinunterwandern – man kann statt dessen aber auch mit der Seilbahn talwärts schweben. Wie immer man sich entscheidet: Plant man keine Rückkehr durch die Klamm, sollte man unbedingt einen Abstecher vom Vordergraseck zur Klammbrücke unternehmen. Vom Hof geht es in einer Viertelstunde zur Brücke hinab, von der die Klamm überspannt wird. Man schaut in die Tiefe und sieht im Dämmerlicht Menschen auf dem Weg, den man vor kurzem selbst gegangen ist.

Die Partnachklamm bietet ihr Schauspiel im Sommer wie im Winter an – sie ist das ganze Jahr über geöffnet. Mehrere Tunnel und geländergesicherte Steige leiten bergwärts. Am Ende der Wanderung wartet das Berggasthaus Eckbauernalm.

Den Weg vom Olympiastadion bis zum Klammeingang kann man auch mit einer Pferdekutsche zurücklegen.

DER LOWA-TIP!

Als einen kleinen Ausgleich zum Bergwandern kann man entweder zum Baden in das nahegelegene Kainzenbad gehen oder zum Entspannen, Rudern und Baden den landschaftlich schön gelegenen Riessersee (mit Blick auf die reizvolle Wettersteinkulisse) besuchen. Hier wurde übrigens im Jahr 1920 der SC Riessersee gegründet, der dem Eislauf- und Eishockeysport zu seiner heutigen Popularität verholfen hat.

39 BREITACHKLAMM

Beeindruckendes Naturschauspiel

HÖCHSTER PUNKT
Wirtshaus Waldhaus (1039 m)

ANFAHRT
Über Kempten und Sonthofen auf der B 19 in Richtung Oberstdorf. Etwa 1 km vor dem Ort, bevor man den Illerquellfluss Breitach überquert, zweigt rechts die Straße nach Ebnat ab; dieser folgen, bis nach 2 km links die Straße nach Mittwänden abzweigt; nach 500 m großer Parkplatz. Von dort ist der beste Start zur Wanderung in die Klamm. Man kann die Tour aber auch direkt in Oberstdorf beginnen.

ZEITDAUER
Für die gesamte Rundtour 2 Std., von Oberstdorf 1 Std. länger.

ANFORDERUNGEN
Leichte Klammwanderung, die auch für Kinder gut geeignet ist. Die heiklen Stellen sind mit Geländer gesichert. Eintritt: Erwachsene DM 4.–, Kinder bis 15 Jahre DM 2.–.

HÜTTE/EINKEHR
Wirtshäuser Mittwänden, Walserschanz und Waldhaus (alle ganzjährig geöffnet).

KARTE
Topographische Karte Allgäuer Alpen L 8, 1: 50 000 (BLVA)

Das Gebirge zu erleben muss nicht immer bedeuten, nach oben zu steigen – auch schon bei kleinen Talwanderungen lassen sich grandiose Einblicke gewinnen. Besonders reizvoll ist es, dem Wasser nachzugehen, das wild tosend aus den Höhen kommt und von den Gletschern erzählt.
Wildes Wasser – wo ließe sich das besser und unbeschwerter bestaunen als in der Breitachklamm, einem besonderen Naturschaustück, nur einen Spaziergang von Oberstdorf entfernt.

Der Anteil Deutschlands an den Alpen ist gering: Nur wenige Prozente am weiten Gebirgsbogen zwischen Wien und Nizza sind deutsch. Innerhalb dieses kleinen, aber sehr reizvollen Bereichs gibt es drei besondere Paradestellen, Ausflugs- und Schaustücke par excellence: Berchtesgaden mit dem Watzmann, Garmisch-Partenkirchen mit dem Zugspitzmassiv und Oberstdorf mit Mädelegabel, Höfats und Nebelhorn. Oberstdorf ist außerdem Ausgangspunkt einer voralpinen Wanderung zur berühmten Breitachklamm. Von Oberstdorf führt ein Wiesenweg westwärts zum Wirtshaus beim außerhalb gelegenen Reute. Man überquert die Straße, die ins Kleinwalsertal führt, und erreicht auf einem Wanderweg die Breitach. Nur wenig hinter der Brücke trifft man auf eine Forststraße; hier hält man sich links, nimmt den Pfad, der knapp rechts vom Bach verläuft, und wandert bis nach etwa eineinhalb Kilometern eine Brücke wieder ans andere Ufer der Breitach führt.

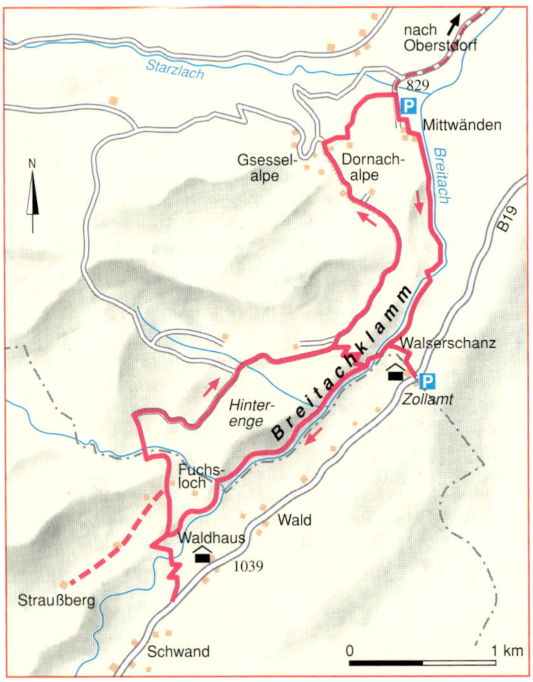

Vorbei am Wirtshaus Mittwänden erreicht man die Klamm, die ab acht Uhr morgens geöffnet ist; im Sommer wird man bis 16 Uhr, im Winter bis 15 Uhr eingelassen. Das Besondere an dieser Wanderung ist, dass man sie auch im Winter unternehmen kann. Während der Eindruck im Sommer von tosenden Wassern, düsteren Felswänden und glatt geschliffenem Gestein dominiert wird, erscheint die Breitachklamm im Winter wie ein einziger großer Eiskristall: Die Wasserfälle sind gefroren, die felsigen Überhänge werden von gewaltigen Vorhängen aus Eiszapfen geziert – man durchwandert eine zauberhafte Glitzerwelt. Zu welcher Jahreszeit auch immer man diese Tour unternimmt – der gut angelegte und gesicherte Steig bietet ein eindrucksvolles und spannendes Erlebnis für die ganze Familie. Danach führt der Weg zurück zur nahen Walsertalstraße, die man, nordwärts gehend, rechts liegen lässt und so zum Gasthof Mittwänden zurückkehrt. Der Rest ist beschauliches Schlendern zurück nach Oberstdorf bzw. zum Ausgangspunkt am Parkplatz.

VARIANTE

Die Tour lässt sich auch bis zum Wirtshaus Waldhaus verlängern, dann kommt man entweder mit dem Bus nach Oberstdorf oder über Fuchsloch und Hinterenge zuerst auf Wander-, dann auf Fahrwegen zurück zum Parkplatz.

Die sich in den harten Schrattenkalk eingefräste Breitachklamm ist eine besondere Attraktion der Allgäuer Alpen. Düstere Felswände und glatt geschliffenes Gestein bestimmen den Eindruck, den der Wanderer gewinnt.

Gasthaus Walserschanz,
Tel. 0 83 29/53 59,
Mo Ruhetag, ansonsten ähnliche Öffnungszeiten wie für die Klamm, winters 9–16 Uhr, sommers 8–17 Uhr, während der Schneeschmelze meist geschlossen.

Bauernland rund um Oberstdorf.

DER LOWA-TIP!

Wenn man die Wanderung durch die Breitachklamm beendet hat, lohnt sich eine Einkehr im Wirtshaus Walserschanz. Von dort kann man wieder zur Klamm zurückgehen und über den Zwingsteig wandern, um von 100 Meter tiefer in die tosende Klamm zu schauen.

HÜTTEN-WANDE-RUNGEN

Bei Regen und bei Schnee, nach einer anstrengenden Wanderung – Hütten sind Zufluchtsorte.

Im Anstieg zur Berliner Hütte (links) durch den Zemmgrund passiert man auch das Gasthaus Alpenrose (rechts).

Wanderer haben sehr unterschiedliche Vorstellungen davon, was eine Schutzhütte leisten soll: Dem einen ist sie nur eine Etappe am Weg, dem anderen willkommene Einkehr und Nachtquartier, wieder andere schätzen das abendliche Hüttenleben. Einige der Hütten weisen in eine Zeit zurück, als der Alpinismus seine erste Blüte erlebte, andere stammen aus neueren Tagen. Über 2000 Hütten finden sich im weiten Alpenbogen zwischen Wien und Nizza. Nur wenige konnten hier aufgenommen werden. Allen ausgewählten Hütten ist jedoch gemeinsam, dass sie landschaftlich einmalig gelegen sind.

40 EDUARD-PICHL-HÜTTE

Alpiner Stützpunkt am Wolayersee

HÖCHSTER PUNKT
Valentintörl, 2138 m (evtl. Rauchkofel-Westgipfel, 2460 m)

ANFAHRT
Durch den Felbertauerntunnel nach Lienz, weiter über den Gailbergsattel nach Kötschach-Mauthen (bzw. über die Tauernautobahn nach Villach und weiter ins Gailtal). Dann auf der Plöckenpassstraße bis zur Einmündung des Valentintals (Kehre beim Heldenfriedhof, etwa 9 km von Mauthen). Nun rechts auf dem Fahrweg bis kurz unterhalb der Unteren Valentinalm (etwa 1220 m); dort parken.

ZEITDAUER
Parkplatz–Eduard-Pichl-Hütte 3 1/2–4 Std., Anstieg auf den Rauchkofel knapp 1 1/2 Std., Abstieg von dort 3/4 Std., Rückkehr zum Ausgangspunkt 3 Std.; insgesamt 9 Std. Unbedingt eine Hüttenübernachtung einplanen.

ANFORDERUNGEN
Hüttenfahrweg bzw. einfacher Bergsteig. Der Anstieg auf den Rauchkofel erfordert Trittsicherheit und Schwindelfreiheit.

HÜTTE/EINKEHR
Eduard-Pichl-Hütte, 1960 m (AV-Hütte, von Mitte Juni bis Anfang Oktober bew., 19 Betten, 36 Lager; Tel. Tal: 00 43/47 19/2 44).

KARTE
Topographische Karte Blatt 197 Kötschach, 1:50 000 (ÖB)

Die Eduard-Pichl-Hütte oberhalb von Kötschach-Mauthen wurde 1923 als Bergsteigerunterkunft errichtet. Sie steht direkt am Wolayersee, der von einem ansehnlichen Gipfelkranz umgeben ist. Nach den Zerstörungen im Zweiten Weltkrieg wurde ein Neubau der Hütte nötig. Heute hat sich das auch äußerlich attraktive Gebäude mittlerweile zu einem beliebten Ausflugsziel entwickelt; rund um die Hütte hat man einen interessanten Geo-Trail eingerichtet.

Die Benennung der Hütte nach Eduard Pichl, der viele Jahre lang Präsident des Österreichischen Alpenvereins war – Begeher vieler neuer Kletterrouten im Dachstein, Gesäuse, aber auch in den Dolomiten –, war weniger glücklich. Dieser Bergsteiger machte nämlich bereits in den Zwanzigerjahren von sich reden, als er den Ausschluss von Juden aus den Sektionen des Österreichischen Alpenvereins betrieb.
Der Anstieg auf die Eduard-Pichl-Hütte von der Plöckenpassstraße ist von außergewöhnlicher landschaftlicher Schönheit. Startpunkt ist der Parkplatz unterhalb der Unteren Valentinalm, bei einer Schranke. Bereits nach einem Anstieg von 20 Minuten erreicht man die Untere Valentinalm (1220 m), von der man bereits einen ungehinderten Blick auf die nun schon sehr nahe gerückten Kalkmauern des Hauptkamms hat. Der Weiterweg zur Oberen Valentinalm (1540 m) erfolgt dann entweder weiter auf dem Almsträßchen, oder man hält sich an den markierten Weg, auf dem man die zahlreichen Kehren abkürzen kann. Wer zur richtigen Jahreszeit hierher kommt, erlebt eine prächtige Alpenflora. Bei der Oberen Valentinalm lichtet sich der Wald, und der Blick auf den höchsten Gipfel der Karnischen Alpen, die Hohe Warte (2780 m), wird allmählich frei. Über den Wiesenboden geht es weiter Richtung Westen, man quert ein Schneefeld (Reste des ehemaligen Valentingletschers) und steigt über Geröll steil in das Valentintörl (2138 m) hinauf. Damit ist der höchste Punkt des Hüttenanstiegs erreicht; es öffnet sich ein schöner Blick nach

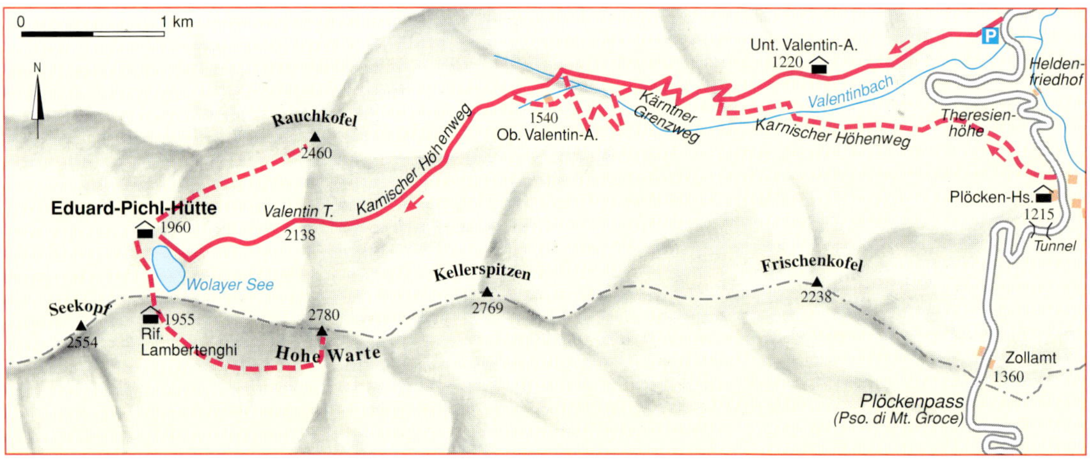

Der Wolayer See liegt in landschaftlich außergewöhnlich schöner Lage zwischen den Massiven der Hohen Warte und der Kellerspitzen. Die Eduard-Pichl-Hütte steht oberhalb des Sees und gilt als eine der reizvollsten Bergsteigerunterkünfte in den Alpen.

Hinweisschild auf den Geologischen Rundwanderweg, der an der Eduard-Pichl-Hütte beginnt.

Westen. Über die Reste des Wolayer Gletschers – zwischen den links und rechts aufragenden Gipfeln Hohe Warte und Rauchkofel – geht es in das Hochtal hinab, in dem der reizvolle Wolayersee liegt, eingebettet in eine prächtige Gipfelrunde. Etwas erhöht am Nordufer des Sees ist dann auch schon das Ziel, die Eduard-Pichl-Hütte, zu sehen.

VARIANTEN

Für den Zustieg zur Hütte kann man auch den Karnischen Höhenweg vom Plöckenpass wählen (gleiche Zeitdauer wie vom anderen Startpunkt). Dieser Weg trifft oberhalb der Unteren Valentinalm auf die andere Aufstiegsroute.
Das Tourengebiet rund um die Eduard-Pichl-Hütte ist sehr abwechslungsreich. Beliebt ist der Normalweg auf den Rauchkofel, sozusagen der Hausberg der Eduard-Pichl-Hütte. Von hier bietet sich eine hervorragende Aussicht auf die umliegenden Gipfel, aber auch bis in die Zentralalpen. Der rot markierte Steig endet auf dem Westgipfel (2436 m); Trittsicherheit ist erforderlich. Dieser Weg beginnt direkt bei der Hütte, und man benötigt für den Anstieg eine gute Stunde. Der höchste Gipfel des Karnischen Hauptkamms, die Hohe Warte (2780 m), ist ein weiteres lohnendes Ziel von der Hütte aus. Der leichteste Anstieg führt über seine Südseite, die man allerdings nur von der italienischen Seite her begehen kann (4 Std. von der Eduard-Pichl-Hütte; Trittsicherheit ist Voraussetzung).

DER LOWA-TIP!

Bei der Eduard-Pichl-Hütte beginnt ein zweieinhalb Kilometer langer Geo-Trail, der in einer dreistündigen Runde über den Rauchkofel, das Valentintörl und zurück über das Wolayer Törl führt und einen Einblick in die Erdgeschichte gibt. Der Wolayersee ist der geologische und geographische Mittelpunkt der Karnischen Alpen mit reichen Fundstellen für versteinerte Korallen, Seelilien, Muscheln und seltene Algen.

41

AUSTRIAHÜTTE

Zu Füßen der Dachsteinwand

HÖCHSTER PUNKT
Austriahütte (1630 m)

ANFAHRT
Mit dem Auto: Über die Salzburger und Tauernautobahn (Richtung Villach/Graz) bis Ausfahrt Eben. Hier links und über Filzmoos in die Ramsau. Hinter Schildlehen, gegenüber dem Abzweig nach Pichl, links hoch bis zum Gasthaus Edelbrunn (1333 m). Mit der Bahn: München–Salzburg–Bischofshofen–Schladming im Ennstal (ein- oder zweimal umsteigen), von dort mit dem Bus bis nach Ramsau-Schildlehen.

ZEITDAUER
Über den Roseggersteig bis zur Austriahütte 1 3/4 Std., vom Grat über der Hütte kurzer Abstecher zum Brandriedel möglich (Kinder-Wanderstempel), Abstieg 1 1/4 Std.; insgesamt 3 Std.

ANFORDERUNGEN
Für die Wanderung über den Roseggersteig etwas Trittsicherheit und festes Schuhwerk empfehlenswert; problemloser Hüttenabstieg.

HÜTTE/EINKEHR
Austriahütte, 1630 m (AV-Hütte, von Mai bis Oktober voll bewirtschaftet, Weihnachten bis Ostern einfach, 26 Betten, 29 Lager; Tel. 00 43/36 87/8 15 22). Brandalm, 1565 m (Berggasthof). Dachsteinhaus, 1390 m (Jausenstation).

KARTE
WK 281 Dachstein · Ausseer Land · Filzmoos · Ramsau, 1:50 000 (Freytag & Berndt)

Recht gemächlich ist die Wanderung zur Austriahütte mit dem einmaligen Blick auf die Dachsteinsüdwand und das kuriose Alpinmuseum – aber interessant, wenn man über den für Familien geeigneten Roseggersteig hochwandert. Er wird von Tafeln mit erbaulichen Sinnsprüchen des steirischen Heimatdichters Peter Rosegger gesäumt, wie zum Beispiel: »Alles, was Wert hat, müssen wir suchen und schwer verdienen. Je weiter der Weg, desto größer die Gnade.«

Plötzlich steht ein gras- und staudenüberwucherter Riesenhöcker neben dem Weg. Ein Blick in die Karte zeigt, dass die Höcker die Gewalt etwaiger vom Schmiedstock herunterdonnernder Lawinen brechen sollen. Auf einem befindet sich die erste Stempelstelle des Kinderwanderwegs zur Austriahütte (die zweite ist auf dem Brandriedel). Durch mit grünen Flechtenbärten behangenen Hochwald geht es einen sprudelnden Bach entlang aufwärts. Wie ein Schweizer Käse durchlöchert, präsentiert sich ein Konglomeratfelsen dem staunenden Wanderer, der unter seinem bedrohlich aufgerissenen »Haifischmaul« hindurch muss. Vorbei an weiteren mehr oder weniger bizarren Felsen gelangt man entlang einer steilen, versicherten Erosionsflanke auf den freien Grat.

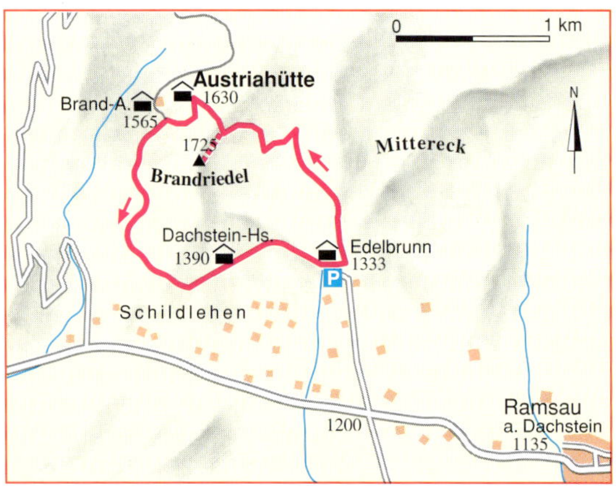

Der Blick nach unten auf die Ramsau mit den Schladminger Tauern im Hintergrund entschädigt für alle Aufstiegsmühen. Oben ragen die Wände des Ramsauer Gebirges (östlicher Dachstein) und der Eckpfeiler des Niederen Türlspitz auf. Dazwischen ist das Edelgrießkar eingebettet, der lohnendere Anstieg aufs Gletscherplateau des Dachsteins (der andere geht unter der Hunerhogel-Seilbahn hoch). Und unten liegt – in einem lichten Lärchenwald verborgen – die »hochbordige« Austriahütte. Betrieben wird sie von einem der Erstbesteiger des Dhaulagiri (8167 m, im Himalaja). Unterhalb der Terrasse befindet sich das Alpinmuseum mit Darstellungen zur Erschließungsgeschichte des Dachsteins, zu Rettungsversuchen bei Wetterstürzen sowie traditionellen Ausrüstungsstücken. Oberhalb sieht man von der Gaststube aus die imposante Mauer der Dachsteinwand in ihrer Breite von zweieinhalb Kilometern und ihrer Höhe von 500 bis 700 Metern – dazu kontrastieren die hübschen Tischdecken in der Gaststube.
Beim Abstieg über den breiten Fahrweg kann man anfangs noch den massigen Zinken des Rötelsteins betrachten, bis der Wald jegliche Aussicht verschluckt. Dafür stehen große Tafeln am Wegrand, die ausführlich unter anderem über Wald- und Forstwirtschaft und die Geschichte der Ramsau (am einzigen Aussichtspunkt) informieren. Alles in allem eine gelungene Rundwanderung für einen geruhsamen Nachmittag in der Ramsau.

Die bereits im Jahre 1880 erbaute und mehrfach erweiterte Schutzhütte der Sektion Austria liegt in aussichtsreicher Position auf der Kammhöhe des Brandriedels. Von ihr bietet sich ein herrlicher Blick auf die Dachstein-Südwände.

Im Inneren der Austriahütte ist in einigen Räumen das »Alpinmuseum Dachstein« untergebracht. Gezeigt werden Dokumente zur Erschließungsgeschichte des Gebietes sowie Ausrüstungsgegenstände.

42 STÖHRHAUS

Auf dem Hochplateau des Untersbergs

HÖCHSTER PUNKT
Stöhrhaus (1894 m), Berchtesgadener Hochthron (1972 m)

ANFAHRT
Mit dem Auto: Auf der Autobahn Salzburg bis Ausfahrt Piding und über Bad Reichenhall nach Hallthurm. Kaum Parkmöglichkeiten am Ausgangspunkt.
Mit der Bahn: Gute Anreisemöglichkeit auf der Strecke München–Salzburg. Von Freilassing verkehren regelmäßig Nahverkehrszüge, die in Hallthurm halten.

ZEITDAUER
Hallthurm–Stöhrhaus 3 1/2 Std., Abstecher auf den Berchtesgadener Hochthron 1/2 Std.; Abstieg über das Leiterl nach Hintergern 2 Std., insgesamt 6 Std.

ANFORDERUNGEN
Zu Beginn des Anstiegs Forststraße, danach steiler, aber gut begehbarer Bergsteig ohne ausgesetzte Stellen; beim Abstieg leichter Bergwanderweg.

HÜTTE/EINKEHR
Stöhrhaus, 1894 m (AV-Hütte, Ende Mai bis Mitte Oktober bewirtschaftet, 16 Betten, 66 Lager; Tel. 0 86 52/72 33). Blasihof in Hallthurm. Theresienklause in Hintergern.

KARTE
Topographische Karte Berchtesgadener Alpen L 4, 1:50 000 (BLVA)

Den Bau dieser Hütte auf dem Untersbergplateau ermöglichte in den Jahren 1898 bis 1900 eine finanzielle Unterstützung aus Thüringen. Der Geheime Kommerzienrat Paul Rudolf Eduard Stöhr, Textilfabrikant aus Eisenach, der die Villa Alpenruhe in Berchtesgaden erwarb, beteiligte sich nicht nur am Bau der Hütte, sondern finanzierte auch einen passablen Zustiegsweg von Maria Gern aus – das Alpenvereinshaus und der Weg sind nach ihm benannt worden.

Den Zuspruch, den einige andere Hütten in den Alpen finden, hat das Stöhrhaus nicht, aber gerade das macht seinen Charme aus. Da der höchste Gipfel des gesamten Bergmassivs nur einen Katzensprung vom Haus entfernt liegt, ziehen es viele Besucher vor, nach einer Wanderung wieder hierher abzusteigen. Für die Bergfreunde aber, die einen beschaulichen Hüttenabend erleben wollen und zudem das phantastische Panorama der Berchtesgadener Alpen bei Sonnenuntergang und -aufgang genießen wollen, ist eine Übernachtung in dieser Hütte geradezu ein Glücksfall.

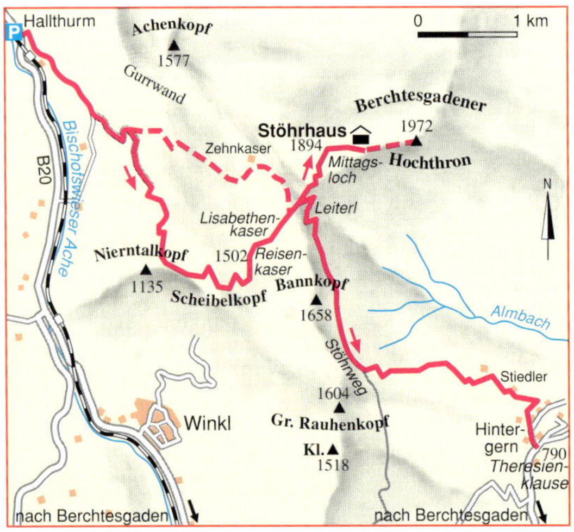

In Hallthurm, wo früher, als Berchtesgaden noch eine selbständige Fürstpropstei war, die Grenze zum Erzbistum Salzburg verlief, zeugen heute noch Reste einer Verteidigungsanlage von kriegerischen Zeiten. Beim Blasihof direkt gegenüber beginnt der Anstiegsweg über den Reisenkaser auf den Untersberg. Man folgt zuerst ein kurzes Stück dem Maximilians-Reitweg nach rechts, bis links der markierte Steig (Wegtafel, Nr. 464) abzweigt. Auf einer Forststraße nun weiter, bis diese sich zu einem Wanderweg verengt. Im weiteren Anstieg geht der zu Beginn langsam ansteigende Weg in einen steilen Steig über. Der Nierntalkopf auf der rechten Seite bleibt allmählich hinter uns. Steile Serpentinen leiten höher, und wenn wir auf dem ersten kleinen Plateau stehen, ist auch der Reisenkaser (1502 m) erreicht. Nahezu eben wandert man nun nordwärts weiter zum neu erbauten Lisabethenkaser (Milchausschank). Nach kurzem Anstieg in gleicher Richtung ist man auch bald beim Leiterl, über das man später den Abstieg antritt. Rechts vorne leuchten die hellen Südwände herüber, an deren Rand das Stöhrhaus steht. Das anschließende Latschenfeld wird auf steilen Serpentinen durchquert, und dann steht man unvermittelt vor dem Ziel.
Vom Stöhrhaus steigt man wieder zum Leiterl ab und nimmt den nach rechts abzweigenden Stöhrweg, der unter der Almbachwand – nur langsam abfallend – entlangführt. Direkt unterhalb der Rauhen Köpfe zweigt dann der nach Hintergern führende Steig links ab (der Stöhrweg führt weiter nach Aschau). In steilen Kehren durch Wald hinab, vorbei an der Kaltwasserkar-Diensthütte, geht es zum Nusshof. Dort rechts auf dem asphaltierten Fahrweg hinunter nach Maria Gern, das man beim

Das Stöhrhaus auf dem Untersberg wurde im Jahre 1901 mit finanzieller Unterstützung eines Thüringer Industriellen erbaut, der seinen Namen auf diese Weise verewigte. Die freie Lage und der nahe Hüttengipfel machen das Haus zu einem beliebten Tagesausflugsziel.

Der Hausberg des Stöhrhauses ist der Berchtesgadener Hochthron (1972 m), der auf einer kurzen und leichten Wanderung erreicht werden kann.

Gasthaus Theresienklause erreicht. Mit dem RVO-Bus fahren wir zum Berchtesgadener Bahnhof, wo der Anschluss zum Ausgangspunkt wiederhergestellt werden kann.

VARIANTE 1

Anstieg über den Zehnkaser: Bei der zweiten Kehre der Forststraße im Anstieg von Hallthurm zweigt man links vom Hauptweg ab (Wegtafel) und steigt über einen zum Teil steil werdenden Steig und über Stufen durch Wald empor bis zu den Almwiesen des Zehnkasers. Dort trifft man wieder auf den Hauptweg.

VARIANTE 2

Vom Stöhrhaus erreicht man in einer Viertelstunde den kreuzgeschmückten Gipfel des Berchtesgadener Hochthrons. Der Zugang erfolgt vom Höhenweg, der über das Plateau zur Mittagsscharte führt.

DER LOWA-TIP!

Unterhalb des Stöhrhauses befindet sich das Mittagsloch, das einen direkten Zugang zu den Einstiegsstellen der beliebten Kletterrouten an der Untersbergsüdwand vermittelt. Eine dort installierte Leiter erleichtert die Begehung.

43 STRIPSENJOCHHAUS

In die Felsregion eines berühmten Gebirges

HÖCHSTER PUNKT
Stripsenjochhaus (1577 m)

ANFAHRT
Mit dem Auto: Auf der Inntalautobahn bis Ausfahrt Kufstein-Nord, dann auf der Bundesstraße Richtung Ebbs. Nach etwa 1 km Abzweigung rechts nach Sparchen. Parkplatz am Waldrand. Beschilderung Kaisertal.
Mit der Bahn: Gute Anreisemöglichkeit auf der Strecke München–Rosenheim–Innsbruck. Ab Bahnhof Kufstein jede halbe Std. Regionalbusverkehr nach Sparchen oder im Fußmarsch (3/4 Std.) zum Ausgangspunkt.

ZEITDAUER
Sparchen–Pfandlhof 1 Std., Pfandlhof–Hinterbärenbad 1 1/2 Std., Hinterbärenbad–Stripsenjochhaus 2 Std., Abstieg 3 1/2 Std.; insgesamt 8 Std.

ANFORDERUNGEN
Lange Hüttenwanderung auf bequemen Wanderwegen.

HÜTTE/EINKEHR
Anton-Karg-Haus, 851 m (AV-Hütte, Anfang Mai bis Ende Oktober bewirtschaftet, 30 Betten, 75 Lager; Tel. 00 43/53 72/6 25 78).
Stripsenjochhaus, 1577 m (AV-Hütte, von Mitte Mai bis Mitte Oktober bewirtschaftet, 50 Betten, 130 Lager; Tel. 00 43/53 72/6 25 79).
Pfandlhof, 783 m (Privatgasthaus, ganzjährig bewirtschaftet, Tel. 00 43/53 72/21 18).

KARTE
WK 301 Kufstein · Kaisergebirge · Kitzbühel, 1:50 000 (Freytag & Berndt)

Zugegeben: Es ist ein weiter Weg zum Stripsenjochhaus, geht man die Route von Kufstein durchs Kaisertal, vorbei am legendären Hinterbärenbad, unter den Wänden von Kleiner Halt und Totenkirchl hindurch und hinauf bis zur unvergleichlich gelegenen Hütte im Herzen des Kaisergebirges. Aber es ist der klassische und zugleich der schönste Weg, eine besinnliche Bummelei bis tief in die Region der lotrechten Mauern und Türme, bis tief ins Wesen dieses Felsengebirges.

In Sparchen bei Kufstein nimmt der Weg seinen Anfang, ein Parkplatz am Waldrand ist Ausgangspunkt. In wenigen Serpentinen gewinnt der Weg jene Höhe, die er dann für lange hält bzw. die vorerst nur ganz allmählich zunimmt. Sobald man aus dem Wald heraus ist, wird der Weg breit und flach und zieht sich fast direkt talein. Der Abzweig zur Vorderkaiserfeldenhütte bleibt linker Hand liegen; bald erreicht man den Pfandlhof, eine Wirtschaft, die bereits 1891 eröffnet worden ist. Die Einkehr sparen wir uns aber für den Rückweg auf, denn eine weite Strecke liegt vor uns, und der junge Tag lockt mit »kaiserlichen« Eindrücken. Immer hoch über dem Kaiserbach, später ziemlich dicht neben ihm, leitet der Forstweg talein. Nach etwa zweieinhalb Stunden erreicht man Hinterbärenbad und das erst 851 Meter hoch gelegene Anton-Karg-Haus. Hier, mit dem Blick auf die 800-Meter-Wand der Kleinen Halt, bietet sich eine längere Rast an, auch, weil es dann steiler und anstrengender wird. Von nun an ist der Weg ein Steig. Er führt am Hans-Berger-Haus vorbei, gewährt Einblicke in die berühmte Totenkirchlwestwand, windet sich in Serpentinen empor, und wir erreichen auf ihm nach weiteren zwei Stunden Gehzeit das schon weithin sichtbare Stripsenjochhaus (1577 m).
Die »Strips« ist das wohl legendärste Unterkunftshaus im

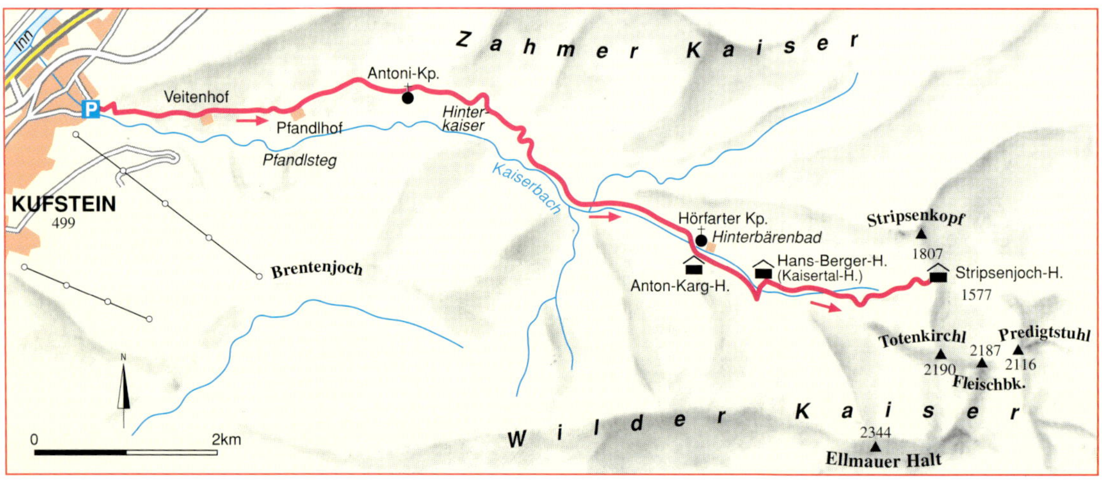

Von wuchtiger Statur, mit vielen Ecken und Kanten, so bietet sich das Stripsenjochhaus seinen Besuchern dar. Die Perspektive täuscht. Direkt hinter dem Haus erheben sich die massiven Felsungetüme der »Kaisergestalten« wie Fleischbank und Karlspitze.

Der Weg zum Haus ist weit, aber erlebnisreich. Durch das lange Kaisertal geht es von Höhepunkt zu Höhepunkt: Antonikapelle, Hinterbärenbad. Und immer im Blick: die steil aufragenden Felsen des Wilden Kaisers.

Wilden Kaiser – und weit über dieses Gebirge hinaus bekannt. Ein Treffpunkt der »Extremen« von jeher, aber auch ein Ausflugsziel par excellence für die Wanderer. Hat man doch von der Terrasse des Hauses einen einzigartigen Blick auf Predigtstuhl, Fleischbank und Totenkirchl. Ein Abend auf dieser Hütte kann ein Erlebnis sein; meistens ist sie jedoch bis auf das letzte Lager belegt. Und wem etwas mehr Ruhe zur Nacht wichtiger ist als die Sonnenuntergangsstimmung im Hochgebirge, der sollte wieder nach Hinterbärenbad zum Anton-Karg-Haus hinabsteigen. Hier, in dem um 1900 im Jagdhausstil erbauten Anwesen, herrscht weit weniger Karabinergeklimper, hier kann man sich leicht in die Zeit um die Jahrhundertwende zurückversetzt fühlen. Fritz Schmitt, einer der besten Kenner des Kaisergebirges, pries Hinterbärenbad als »einen der landschaftlich schönsten Plätze der Nördlichen Kalkalpen«. Wer früh am Morgen an dieser Stelle vorbeigeht, den Sinn auf wahrhaft »Höheres« gerichtet, dem mag das vielleicht entgehen. Wer aber einen frühen Abend hier verbringt, also die Stunden genießen will, in denen die Wanderer schon vorbei sind und Stille eingekehrt ist, dem wird dieses Hinterbärenbad unvergesslich sein.

44 HEIDELBERGER HÜTTE

Idealer Ausgangspunkt für weitere Wanderungen

HÖCHSTER PUNKT
Heidelberger Hütte, 2264 m (Larainscharte, 2687 m)

ANFAHRT
Auf der Inntalautobahn nach Innsbruck und weiter bis Landeck; bei Pians zweigt dann die kleine Straße ins Paznauntal ab, der man bis Ischgl folgt. Entweder dort parken oder links weiter ins Fimbertal und hinauf bis zur Bodenalpe (1842 m).

ZEITDAUER
Gasthaus Bodenalpe–Heidelberger Hütte 2 Std. (von Ischgl 2 Std. länger), Abstieg auf dem Anstiegsweg 1½ Std.; insgesamt 3½ Std. Für die Abstiegsvariante über die Fuorcla Larein und hinaus nach Tschafein/Mathon benötigt man 2½ Std. mehr.

ANFORDERUNGEN
Leichte Wanderung, überwiegend auf Fahrweg. Die Abstiegsvariante über die Fuorcla Larein erfordert Trittsicherheit und etwas Orientierungsvermögen, sie ist landschaftlich aber besonders reizvoll.

HÜTTE/EINKEHR
Heidelberger Hütte, 2264 m (AV-Hütte, von Anfang Juli bis Anfang Oktober bzw. auch während der Skitourensaison bewirtschaftet, 72 Betten, 84 Lager; Tel. 00 43/54 44/54 18). Gasthof Bodenalpe, 1842 m (privat, nahezu ganzjährig bewirtschaftet, 50 Betten, 25 Lager), Tel. 00 43/54 44/52 85.

KARTE
Topographische Karte Blatt 170 Galtür, 1:50 000 (ÖB)

Die Silvretta, das Gebirge zwischen Österreich und der Schweiz, hat bei Skibergsteigern einen legendären Ruf: landschaftlich großartige Anstiege, endlose Abfahrten und Hütten, die auch im Winter geöffnet sind. Weniger bekannt ist, dass die Silvretta auch im Sommer eine lohnende und reizvolle Wander- und Bergtourenregion ist. Zum Kennenlernen soll deshalb hier eine Hüttentour beschrieben werden, auf der man den Zauber dieses Gebirges erleben kann.
Der Ausgangsort ist weltberühmt: Ischgl, Luftkur- und Wintersportort, zwischen Ferwall und Silvretta im Paznauntal gelegen.

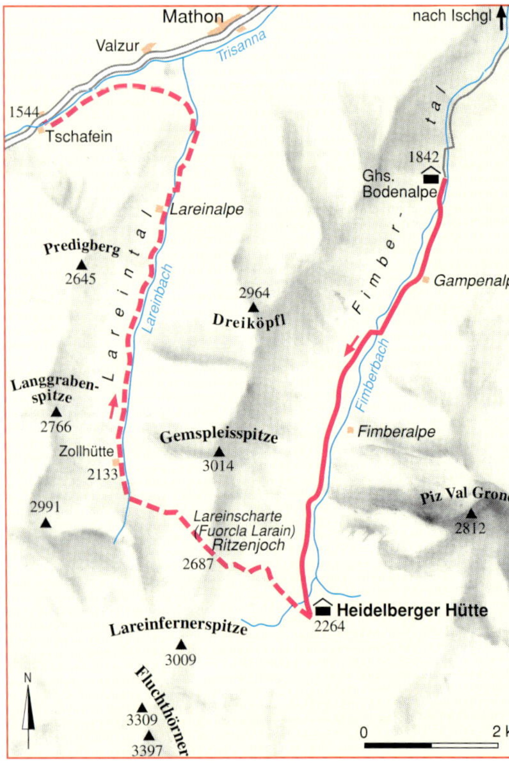

In Ischgl beginnt der Weg zur Heidelberger Hütte. Sie ist die einzige der österreichischen Alpenvereinshütten, die auf Schweizer Boden steht. Der Zugang zu ihr erfolgt aber in der Regel von Norden, und dieser Weg ist lang. Die anfangs breite – und zugegebenermaßen nicht besonders aufregende – Fahrstraße ins Fimbertal lässt sich aber auch bis zur Bodenalpe mit dem Auto zurücklegen. Dort packt man das Wanderzeug zusammen, kehrt im Gasthaus vielleicht vorher noch ein und macht sich dann auf den Weg. Der Start von der Bodenalpe hat zwei Vorzüge – man spart sich das viele Gehen auf Straßen und ist gleich mitten im Gebirge. Der Nachteil ist allerdings, dass man später auf die lohnende Abstiegsvariante über das Lareintal verzichten muss. Der Weg zieht sich, vorerst noch als Forststraße, den Fimberbach im gleichnamigen Tal entlang südwärts. Von der Bodenalpe bis zur Heidelberger Hütte sind immerhin acht Kilometer Wegstrecke und 400 Höhenmeter zu bewältigen. Nach einer starken Steigung endet die Straße und geht in einen Wanderweg über. Die beiden markanten Fluchthörner tun sich auf, die Breite Krone und der Piz Tasna. Sie sind ernstzunehmende, teilweise vergletscherte Hochtourenberge. Bald ist die große Heidelberger Hütte erreicht. Sie ist ein Stützpunkt vor allem für hochalpine Touren, umgeben von prächtigen Dreitausendern und einer weiten Wildnis aus Stein, die vom einstmaligen Wirken mächtiger Gletscher zeugt. Bei der Hütte wird man lange sitzen bleiben und sich Ziele für das nächste Mal überlegen.

VARIANTE

Doch die Abstiegsvariante, die noch vorgestellt werden soll, ist ein neues, ein »richtiges« Ziel. Wer nämlich gut zu Fuß ist, das Wandern und die Landschaft noch genießen will (und das Auto

Die Heidelberger Hütte ist vor allem den Skitourengehern ein Begriff, doch auch für Wanderer bieten sich unzählige Möglichkeiten. Die 1889 erbaute, große Schutzhütte zu Füßen der gewaltigen Fluchthörner verfügt über einen Selbstversorgerraum und einen offenen Winterraum.

Der lange Weg durchs Fimbertal zur Heidelberger Hütte lässt sich auch ideal mit dem Mountainbike zurücklegen.

in Ischgl geparkt hat), der sollte nicht auf dem Anstiegsweg zurückkehren. Gleich bei der Hütte beginnt eine schönere und abwechslungsreichere Route, die nach Tschafein und Mathon führt. Zunächst heißt es freilich noch einmal ansteigen. In einer Höhe von 2687 Metern wird der Bergkamm bei der Fuorcla Larein überschritten; anschließend geht es bergab, hinunter ins ausgesprochen schöne Lareintal. Immer an dem gleichnamigen Bach entlang führt der Steig talaus. Bei der Lareinalp (im Sommer lohnender Besuch der bewirtschafteten Käserei!) erreichen wir einen Forstweg, der uns nach Mathon bzw. Tschafein bringt, dem Endpunkt der Wanderung. In Mathon wird's dann bequem: Mit dem Bus geht es zurück nach Ischgl, wo man diesen Silvrettatag in Ruhe beschließen kann.

DER LOWA-TIP!

Wenn man die Dienste des Hüttentaxis von Ischgl in Anspruch nimmt, kann man die Runde über die Fuorcla Larein auch unternehmen, ohne in der Hütte übernachten zu müssen. Informationen zum Hüttentaxi erhalten Sie unter Tel. 00 43/54 44/53 19 (Haus Bellevue).

45 BERLINER HÜTTE

Ein repräsentatives Haus

HÖCHSTER PUNKT
Berliner Hütte (2040 m)

ANFAHRT
Mit dem Auto: Auf der Inntalautobahn bis zur Ausfahrt Achensee/Zillertal oder über den Achenpass ins Zillertal; dann nach Mayrhofen und geradeaus weiter über Ginzling bis zum Gasthaus Breitlahner (1257 m).
Mit der Bahn: München–Kufstein–Strass im Zillertal, umsteigen in die Zillertalbahn bis Mayrhofen, umsteigen in den Bus Richtung Ginzling/Schlegeisspeicher, Busse jedoch teils nur bis Ginzling (umständlich).

ZEITDAUER
Vom Gasthaus Breitlahner zur Berliner Hütte $3\frac{1}{2}$ Std. ($1\frac{3}{4}$ Std. bis zum Grawandhaus, 3 Std. bis Gasthaus Alpenrose), Abstieg $2\frac{1}{2}$ Std.; insgesamt 6 Std. ohne weitere Toureneinlagen.

ANFORDERUNGEN
Problemloser Hüttenwanderweg; für Wanderungen ab der Hütte ist jedoch Trittsicherheit erforderlich.

HÜTTE/EINKEHR
Grawandhaus, 1640 m (von Mitte Juni bis Anfang Oktober bewirtschaftet). Gasthaus Alpenrose, 1875 m (privat, von Anfang Juni bis Ende September bewirtschaftet, 60 Betten, 30 Lager; Tel. 00 43/52 86/52 22). Berliner Hütte, 2040 m (AV-Hütte, von Mitte Juni bis Ende September bewirtschaftet, 76 Betten, 89 Lager, 17 Notlager; Tel. 00 43/52 86/52 23).

KARTE
WK 152 Mayrhofen . Zillertaler Alpen · Gerlos · Krimml, 1:50 000 (Freytag & Berndt).

Einige Superlative gefällig? Welche ist die älteste und bekannteste Alpenvereinshütte in den Zillertaler Alpen? Es ist die Berliner Hütte. Sie ist nach dem Furtschaglhaus auch die größte Unterkunftshütte und wartet außerdem noch mit einem eindrucksvollen Gletscherpanorama auf. Die Berggipfel des Alpenhauptkamms, gekrönt mit schroffen Urgesteinszacken, ragen über weiten weißen Gletscherbecken empor.

Wer trittsicher und gut beschuht ist, kann von der Berliner Hütte aus nicht nur einen Dreitausender ohne Gletscherausrüstung besteigen (Schönbichler Horn, 3134 m), sondern auch dunkelrote Granate finden (östliches Hornkees). Der Anmarsch zur Berliner Hütte beginnt am Parkplatz bzw. an der Bushaltestelle beim Gasthof Breitlahner. Die Wanderung lässt sich bequem an, da sie einem geschotterten Fahrweg folgt. Bei brennender Sommersonne ist sie allerdings ermüdend – aber keine Sorge, es warten vier Einkehrmöglichkeiten am Wegrand auf den durstigen Wanderer.

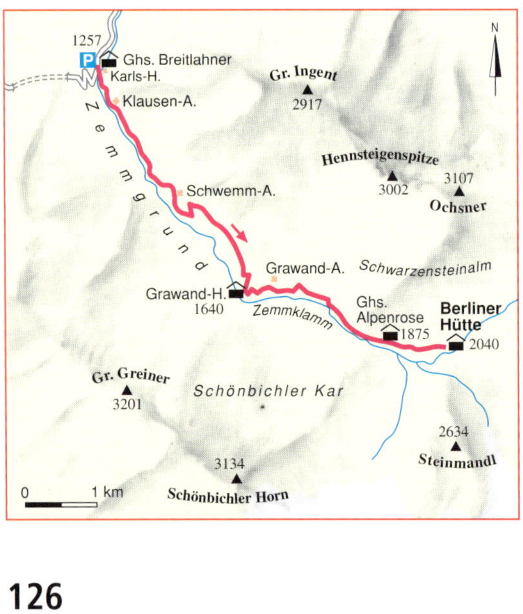

Anfangs liegen rechter Hand die blühenden oder von den braunen Almkühen abgeweideten sattgrünen Wiesen des Zemmgrunds, während von links die typischen Charakteristika eines Zentralalpentals grüßen: steile, von felsigen Rinnen mit schäumenden Bächen durchschnittene Nadelwälder, zwischen denen immer wieder braune oder mit Flechten bewachsene Felsen hervorstehen. Hinter der Schwemm-Alm beginnt der Fahrweg anzusteigen. Hier besteht die Möglichkeit, über einen typischen, von Glimmerplatten und Gneisblöcken durchsetzten Zentralalpensteig abzukürzen. Ein gleichmäßiger Gehrhythmus lässt sich allerdings auf diesem alten Wegstück, über das vor noch gar nicht so langer Zeit die Pferde zur Versorgung der Berliner Hütte hochtrotteten, nicht immer einhalten.

Erreicht man wieder den Schotterweg, empfiehlt es sich, in der auf halbem Weg gelegenen Grawand-Alm am Beginn der Zemmklamm einzukehren. Bei einem kühlen Bier (oder einer prickelnden Limo) lassen sich in angenehmer Atmosphäre gegenüber dem Kühlenluft-Wasserfall die felsigen Schrofenwände und das Schönbichlerkees betrachten. Zwischen grünen Wiesen, Matten mit eingesprenkeltem Almrausch und nur noch vereinzelt stehenden Bäumen geht es immer oberhalb der eindrucksvollen Schlucht steil bergan. Ein kleiner Stausee dort unten dient der Ableitung eines Teils der Wassermassen des wilden Zemmbachs durch Druckstollen zum Schlegeisspeicher

Die Berliner Spitze (3253 m), so benannt nach der gleichnamigen Sektion, die auch das Schutzhaus erbauen ließ, gehort zu den beliebten Aussichtsgipfeln im Umkreis der Berliner Hütte mit Blick auf den Hochgall, die Rieserfernergruppe und zu den Dolomiten.

Die Berliner Hütte gehört zu den größten und bestausgestatteten Hütten der gesamten Ostalpen. Das 1879 erbaute Haus wird spöttisch gerne als »Hotel Berlin« bezeichnet.

im Westen, hinter dem Großen Greiner. Wer an einem schönen Wochenende zur Urlaubszeit unterwegs ist und in der Berliner Hütte keinen Platz mehr bekommt, kann unterwegs in dem privat betriebenen Gasthaus Alpenrose übernachten. Ansonsten geht man ab hier über einen ungeschotterten, steinigen Weg noch ein halbes Stündchen bis zum wuchtigen, aus Urgesteinsplatten erbauten Gebäude der Berliner Hütte. Sie hat einen großen Gastraum, hier bekommt man (fast) alles, auch komfortable Lager (neben den 16 Betten). Hinter der bewirtschafteten Hütte steht noch die winzige ehemalige Berliner Hütte von 1879, eine der ältesten erhaltenen Schutzhütten im Alpenraum. Etwas oberhalb der Hütte, am »plattigen« Weg zum reizvollen Schwarzensee, befindet sich ein kleiner Moorweiher, in dem man sich nach der langen Anstrengung ideal erfrischen kann.

46

WINNEBACHSEEHÜTTE

Hüttentour mit Variationen

HÖCHSTER PUNKT
Winnebachseehütte, 2372 m
(Hoher Seeblaskogel, 3235 m)

ANFAHRT
Mit dem Auto: Über Seefeld und Mösern oder über den Fernpass ins Inntal und weiter ins Ötztal; bei Längenfeld zweigt die Straße ins Sulztal nach Osten ab. Parkmöglichkeit beim Dorf Gries (1570 m).
Mit der Bahn: Bis Ötztal-Bahnhof, weiter mit dem Bus (umsteigen in Längenfeld).

ZEITDAUER
Gries–Winnebachseehütte 2 Std., rund um den See 1/2 Std., Hütte–Gänsekragen 2 Std., ins Vorfeld des Bachfallenferners 1 Std., Hütte–Hoher Seeblaskogel 3 1/2 Std., Abstieg von der Hütte ins Tal 1 1/2 Std.; insgesamt 3 1/2 Std. für die Hüttenwanderung, mit Abstechern entsprechend länger.

ANFORDERUNGEN
Bis zur Hütte, um den See sowie bis zu den Buckeln vor dem Bachfallenferner leichte Bergwanderung; für den Gänsekragen ist Trittsicherheit erforderlich, für den Hohen Seeblaskogel darüber hinaus Kondition, Orientierungssinn und Klettererfahrung im Urgestein (I).

HÜTTE/EINKEHR
Gasthaus im Weiler Winnebach. Winnebachseehütte, 2372 m (AV-Hütte, von Anfang Juli bis Ende September sowie zur Skitourensaison bewirtschaftet, 8 Betten, 33 Lager, 12 Notlager; Tel. 00 43/52 53 51 97).

KARTE
Topographische Karte Blatt 146 Oetz, 1:50 000 (ÖB)

Der westlichste, steil zum Ötztal hin abfallende Teil der Stubaier Alpen ist bis heute vom ganz großen Touristenansturm verschont geblieben. Eine der wenigen Hütten dort ist die Winnebachseehütte. Sie zählt sicher nicht zu den bekanntesten Bergsteigerunterkünften der Alpen, und das ist auch gut so, denn besonders viel Platz bietet das gemütliche und gepflegte Haus nicht. Ein interessantes Ziel ist die Winnebachseehütte für Familien und Gruppen, die einen Stützpunkt suchen, dessen Tourengebiet Bergspaziergänger und Hochtouristen gleichermaßen zufriedenstellt.

Von Gries geht es zunächst auf einer schmalen Teerstraße zu den nordöstlich, am Hang gelegenen Winnebachhöfen (bis dorthin könnte man zwar noch fahren, es sind aber kaum Parkmöglichkeiten vorhanden). Ein anfangs schattiger Weg führt ins Winnebachtal, an dessen rechter (bergauf gesehen linker) Seite der Weg zur Hütte verläuft. Sobald der Wald lichter wird, öffnet sich erstmals der Blick auf die imposanten Zacken und die steile Westflanke des Hohen Seeblaskogels. Einen weiten Hang querend, führt der Weg zu einer Geländestufe mit auffälligen Felsbuckeln, die von eiszeitlichen Gletschern rund geschliffen wurden. Rechts oben, neben dem Rötkogel, lugt gerade noch die Zungenspitze eines heutigen Gletschers, des Säuischbachferners, herab. Am restlichen Wegstück zur Hütte hinauf dominieren die imposanten Bachfälle die Szenerie – optisch wie akustisch. Gleich neben der Hütte liegt der See, nach dem das Haus benannt wurde. Seine Umrundung dauert nicht lange, ist aber sehr reizvoll. Teils weglos über große Steine und kleine Bäche hüpfend, ist sie insbesondere für Kinder ein Spaß. Dass dabei den wunderschönen, aber empfindlichen Wollgrasfluren tiefe Schuhsohlenabdrücke erspart bleiben sollten, versteht sich von selbst.

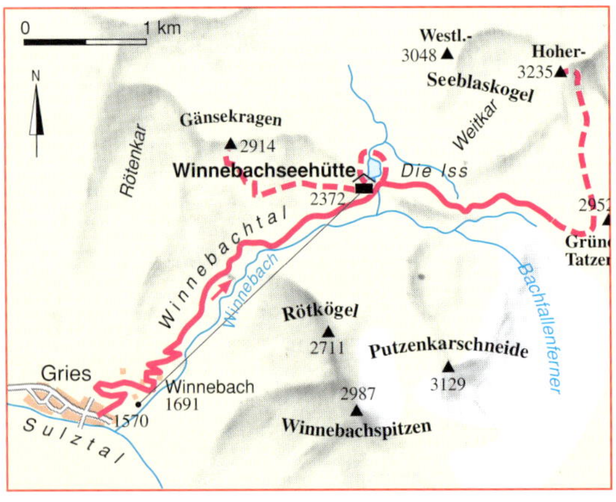

VARIANTEN

Der Hausberg der Winnebachseehütte ist der Gänsekragen (2914 m); er ist auf einem markierten Steig mit vielen Kehren in zwei Stunden zu besteigen. Eine ideale Tour, um sich »einzugehen« und zum Kennenlernen des Gebiets, wenn man mehrere Tage hier verbringen möchte. Ein schönes Ziel ist auch das Gelände vor dem Bachfallenferner. Der Abstand zwischen den aus dem 19. Jahrhundert stammenden Moränenwällen und dem heutigen Eisrand dokumentiert dort eindrucksvoll, wieviel Eis in den letzten 150 Jahren abgeschmolzen ist. Wo der Weg auf die Schuttmassen der

Eine der wenigen Schutzhütten, die nicht nach der jeweiligen Sektion benannt ist: Die Winnebachseehütte liegt im Winnebachkar an einem kleinen See. Die umliegenden Gipfel gehören auch nicht zu den Renommierbergen, und so entführt ein Ausflug zu dieser Hütte den Bergwanderer in eine stille Alpenlandschaft.

(in Aufstiegsrichtung) linken Seitenmoräne führt, sollten weniger bergerfahrene Wanderer am besten umkehren. Erfahrene Alpinisten mit Orientierungssinn und Klettererfahrung können von hier über vielfältiges Gelände auf den Hohen Seeblaskogel steigen. Nach einer Querung über unangenehm wackelige Moränenblöcke geht es nach links in ein steiles Tal unter den Grünen Tatzen hinauf, von einem Vorgipfel muss man dann vorsichtig zum Grüne-Tatzen-Ferner hinabturnen. Über den weitgehend spaltenfreien, flachsten Teil dieses Gletschers erreicht man in stellenweise luftiger Kraxelei über den Ostgrat den Gipfel – im Sommer ein selten besuchtes Fleckerl. Auf weiten Strecken ist der stellenweise markierte Steig (für aufmerksame Augen) steinig und grobblockig.

Am Anstieg von Gries zur Winnebachseehütte passiert man diesen reizvollen Wasserfall.

47 HOHENZOLLERNHAUS

In einem einsamen Winkel

HÖCHSTER PUNKT
Hohenzollernhaus (2123 m)

ANFAHRT
Mit dem Auto: Auf der Inntalautobahn/Schnellstraße über Landeck innaufwärts bis Pfunds. Im Dorf durch ein Tor zur Innbrücke und aufwärts zu dem am südöstlichen Ortsrand höchstgelegenen Haus, dem Café Bambi mit Parkplatz.
Mit der Bahn: Innsbruck–Landeck. Vom Bahnhof Landeck mit dem Bus nach Pfunds und im Dorf zum Café Bambi, dem Ausgangspunkt.

ZEITDAUER
Pfunds–Radurschl-Alm 3 1/4 Std., Radurschl-Alm–Hohenzollernhaus 3/4 Std.; Abstieg 3 Std.; insgesamt 7 Std. (bequemer, aber auch teurer mit Kleinbus-Taxi bis Radurschl-Alm; Taxi bei Köhle Tel. 00 43/ 54 74 52 77 vorbestellen).

ANFORDERUNGEN
Lange, zum Schluss steile Hüttenwanderung ohne Schwierigkeiten.

HÜTTE/EINKEHR
Radurschl-Alm, 1815 m (private Jausenstation).
Hohenzollernhaus, 2123 m (AV-Hütte, von Ende Juni bis Mitte September bewirtschaftet, 6 Betten, 40 Lager, 15 Notlager; Tel. 00 43/66 39 15 99 88).

KARTEN
Ötztaler Alpen/Nauderer Berge Nr. 30/4, 1:25000 (AV)

Wie eine königliche Jagdhütte steht im stillen Radurschltal über einer Geländestufe die von der Sektion Hohenzollern des Alpenvereins in den Zwanzigerjahren erbaute Hütte. Die Gipfel im Umkreis – der vergletscherte Glockturm und über 17 Dreitausender – bieten Wanderungen, Klettermöglichkeiten, mehrere Übergänge (einer nach Italien) und Rundtouren. Meist ohne jemandem zu begegnen, kann man artenreiche Flora erleben, und wer Glück hat, sieht sogar Gemsen und Steinböcke.

Wenige Meter oberhalb des Café Bambi (1020 m) zweigt von der Forststraße nach links ein schmaler, markierter Weg ab, der im dichten Wald rasch zur Ulrichskapelle (1189 m) hinaufleitet. Dort gelangt man wieder auf die Straße, die am steilen Hang über der Radurschlklamm gleichmäßig an Höhe gewinnt. Nach gut der Hälfte des Hüttenwegs durch Wald und Wiesen mit Heustadeln und Jagdhütten passiert man die Einmündung des Nauderer Tscheybachs. Durch dieses Tal mit schönen Weideflächen und Almen gibt es auch eine Abstiegsvariante von der Hütte, die um den Stock des Wildnörderer in das obere Tscheytal quert.
Nun geht man immer rechts vom Bach flacher durch eine romantische Gegend bis zur Brücke mit Gatter. Auf der großen Wiese dahinter liegt malerisch die Radurschl-Alm (1815 m). Für den Wanderer empfiehlt sich hier eine Rast mit Brotzeit, denn danach geht es auf dem Fußweg, der mit Wurzeln und Steinstufen Aufmerksamkeit verlangt, über den steileren Geländeaufschwung zur Hütte hinauf. Hier kann man auch die ersten Gemsen erspähen. Nach der Umrundung einer Felsbarriere steht dann überraschend das Hohenzollernhaus vor dem Wanderer.

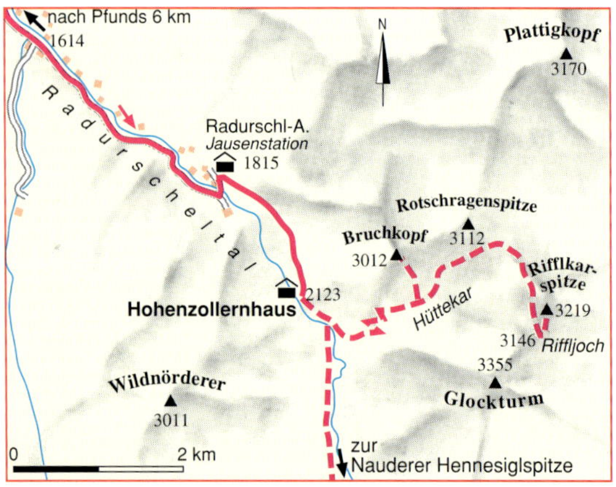

VARIANTEN

Der dominierende Gipfel in der Hüttenumrahmung ist der Glockturm, der nach Norden und Osten vergletschert ist. Mit seinen 3355 Metern ist er der höchste in der Runde und erfahrenen Bergsteigern mit entsprechender Ausrüstung (Seil, Pickel, Steigeisen) vorbehalten. In der lieblichen Landschaft des Radurscheltals oberhalb der Hütte, das sich mit Gumpen und Bachschleifen in mehreren Terrassen emporhebt, kann man beschaulich bummeln. Für alle Ziele im Bereich des Hohenzollernhauses – z. B. die Rifflkarspitze und der Bruchkopf – sind gutes Orientierungsvermögen und Trittsicherheit erforderlich. Die Sektion Starnberg des DAV bemüht sich, die Wege instandzuhalten, zu verbessern und zu markieren. So ist der Steig, der auf die Nauderer Hennesiglsspitze (3144 m) führt, einem wunderbaren Aussichtspunkt mit Blick ins Langtauferer Tal und zur Weißkugel, bis zum Gipfel hinauf markiert.

Das Hohenzollernhaus liegt in einem stillen Winkel der Ötztaler Alpen, dem Radurschltal. Die 1924 erbaute Hütte gehört seit 1978 der Sektion Starnberg. Hausberg der nach dem Fürstengeschlecht der Hohenzollern benannten Schutzhütte ist der Hohe Glockturm (3365 m).

Der lange Anstiegsweg zum Haus wird vom Rauschen des wilden Radurschlbaches begleitet.

48

COAZHÜTTE

Schweizer Hüttenarchitektur

HÖCHSTER PUNKT
Coazhütte (2610 m)

ANFAHRT
Mit dem Auto: Von Osten über Landeck und das Unterengadin bis kurz hinter Samedan. Dort zweigt links die Straße in Richtung Berninapass ab, und bald ist Pontresina (1805 m) erreicht. Mehrere gebührenpflichtige Parkplätze im Ortsbereich.
Mit der Bahn: Pontresina ist Endstation der Rhätischen Bahn, die Chur mit dem Engandin verbindet. Chur ist mit dem mitteleuropäischen Bahnnetz gut verknüpft. Pontresina ist auch Station der Berninabahnlinie, die auf einer abenteuerlichen Strecke über den Berninapass Puschlav und Veltlin mit dem Engadin verbindet. Es gibt auch eine Bahnstation in Surovas (etwas oberhalb der ersten Station gelegen und ideal für den Fußweg ins Rosegtal).

ZEITDAUER
Von Pontresina zur Coazhütte 5 Std. (bei Benutzung der Pferdekutsche 1 Std. weniger). Mit Benutzung der Corvatschbahn 2½ Std., Abstieg nach Pontresina 3 Std.; insgesamt 8 bzw. 5½ Std.

ANFORDERUNGEN
Von Pontresina bis zum Hotel Roseg wandert man entweder auf Fahr- oder Fußwegen, ab dem Hotel Roseggletscher auf guten Alp- und Wanderwegen.

HÜTTE/EINKEHR
Coazhütte (Chamanna Coaz), 2610 m (SAC-Hütte, von Ende Juni bis Ende September bewartet, 85 Lager). Hotel Roseggletscher, 1999 m (privater Berggasthof im Rosegtal, 30 Betten, 90 Lager; Tel. 00 41/81/8 42 64 45).

KARTE
St. Moritz · Julierpass Blatt 268, 1:50 000 (Landeskarte der Schweiz)

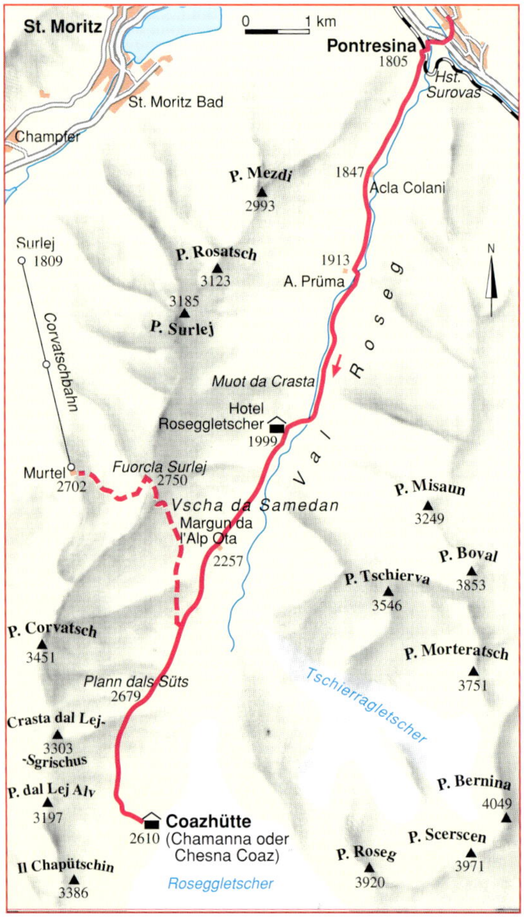

Die Gipfel und Gletscher der Bernina gehören unbestritten zu den Höhepunkten in den Alpen. Im hinteren Rosegtal, am Fuß einer dieser aufregenden Gletscherszenerien, liegt die Coazhütte, in Romantsch auch Chesna Coaz genannt. Sie ist nicht besonders groß, doch nach Bau und Lage kann sie als Musterbeispiel einer Schweizer Bergsteigerhütte angesehen werden. Der Zustieg zu ihr ist relativ lang, denn sie liegt inmitten einer gewaltigen Hochgebirgslandschaft. Auch in ästhetischer Hinsicht übertrifft sie die Erwartungen an eine funktionale Bergsteigerunterkunft weit. Sie ist, gemäß den Satzungen des Schweizer Alpen-Clubs, bevorzugt für den Selbstversorger eingerichtet.

Ausgangspunkt der Tour ist Pontresina, das bergsteigerische Zentrum des Oberengadins. Im Gegensatz zum nahe gelegenen St. Moritz ist der Ort noch nicht über seine Grenzen hinaus gewachsen und weist für seine Größe ein relativ geschlossenes Ortsbild auf. In Pontresina gibt es ein alpines Museum, in dem die Erschließung der Berninaalpen umfassend dokumentiert ist. Mit der größten Bergsteigerschule der Schweiz sind hier auch zahlreiche Bergführer und Skilehrer stationiert. Wer Touren jenseits der Coazhütte unternehmen will, dem sei empfohlen, ihre Dienste in Anspruch zu nehmen. Von der Ortsmitte Pontresinas wandert man zuerst zum Eingang des Rosegtals. Vom Bahnhof Pontresina führt dann ein Fahrweg bis zum Hotel Roseggletscher (6 km von Pontresina). Ein sehr schöner und auch schattiger Fußweg beginnt beim sogenannten Konzertplatz am Taiswald. Diesen Ausgangspunkt erreicht man von den Bahnstationen Pontresina bzw. Surovas in wenigen Minuten oder von der Ortsmitte Pontresinas auf der Verbindungsstraße zum Bahnhof.
Das großartige Rosegtal, das sich auf einer Länge von etwa 15 Kilometern vom Roseggletscher bis zur Talmündung erstreckt, ist Landschaftsschutzgebiet und gehört zu den reizvollsten Tälern der gesamten Gebirgsgruppe. Seine Durchwanderung allein ist schon ein Genuss, besonders im Herbst, wenn der Bergwald mit zahlreichen Lärchen

Die Coazhütte, benannt nach dem Topografen und Erschließer der Bündner Alpen, liegt im hinteren Rosegtal am Rande einer gewaltigen Gletscherszenerie.

Im letzten Abschnitt des Hüttenwegs passiert man diese Höhenstufe, die mit einer Eisenleiter überwunden wird.

Farbe ansetzt. Die beiden parallel führenden Wege treffen sich dann eineinhalb Kilometer vor Erreichen des Hotels, zu dem man auf dem Fahrweg gelangt. Der weitere Anstieg zur Chesna erfolgt weiterhin im Talboden, man hält sich dabei rechts am Bergfuß der Surlejseite, erreicht auf gutem Weg die Alphütte Margun Suot (2022 m) und geht von dort rechts den Berghang hinauf zur Margun da l'Alp Ota (2257 m). Der markierte Steig führt taleinwärts, bis man auf den von der Fuorcla Surlej herüberführenden Weg trifft. Auf diesem weiter zur Hochterrasse Murtèl und gering ansteigend zur Felsstufe Plaun dals Süts (2679 m). Weiter geht es leicht absteigend und in südöstlicher Richtung hinüber zur Coazhütte. Das mehreckige Gebäude hat viele Baustadien durchlaufen. Das erste Gebäude – es stand an anderer Stelle – geht auf das Jahr 1877 zurück, der Neubau entstand 1964, die Erweiterung erfolgte 1982. Verantwortlich für das heutige Aussehen des Hauses ist der Architekt Jakob Eschenmoser, der es verstanden hat, den Zweckbauten für Bergsteiger ein unverwechselbares Aussehen zu geben. Gleich einer Zwiebel legt sich Schale an Schale, ohne den ursprünglichen Bau zu beeinträchtigen. Das Aussehen der Coazhütte versöhnt für vieles, was in den Alpen, besonders in den vergangenen 50 Jahren, entstanden ist.

VARIANTE

Den kürzesten Zugang zur Coazhütte ermöglicht die Fahrt mit der Corvatschbahn bei St. Moritz bis zur Mittelstation Murtèl (2702 m). Auf einem prächtigen Panoramaweg wandert man über die Fuorcla Surlej (2750 m) ins Rosegtal hinüber, wo man auf den Wanderweg von Pontresina trifft. Gesamte Gehzeit von der Mittelstation zur Coazhütte: zweieinhalb Stunden.

DER LOWA-TIP!

Um den ersten Abschnitt des langen Hüttenwegs, der bis zum Hotel Roseg auf einem gesperrten Fahrweg verläuft, kurzweiliger und zeitsparender zu gestalten, empfiehlt sich die Benutzung einer Pferdekutsche von Pontresina. Eine Anmeldung ist unbedingt erforderlich, denn diese Kutschfahrten sind sehr beliebt. Bei großer Nachfrage erfolgt die Mitnahme nach der Reihenfolge der Bestellungen.

Informationen:
Tourismusamt Pontresina,
Tel. 00 41/81/8 38 83 00

Kutschfahrten:
Fuhrhalterei Koster,
Tel. 00 41/81/8426057, Hin- und Rückfahrt etwa 24 sFr.

49 BRITANNIAHÜTTE

Ins Eis der Viertausender

HÖCHSTER PUNKT
Britanniahütte (3030 m)

ANFAHRT
Von Norden über Bern und Thun nach Kandersteg, dann Autoverladung nach Goppenstein im Lötschental. Weiter ins Rhonetal und links ab nach Visp (651 m). Oder von Osten über Grimsel- oder Furkapass nach Goms und weiter nach Visp. Mit dem PTT-Bus oder mit dem Auto von Visp nach Saas Fee; dort gebührenpflichtiger Parkplatz.

ZEITDAUER
Bergstation Plattjenbahn–Britanniahütte 3 Std., Britanniahütte–Felskinnbahn 2½ Std.; insgesamt 5½ Std.

ANFORDERUNGEN
Hochalpiner Steig. Einige ausgesetzte Stellen. Trittsicherheit und Schwindelfreiheit erforderlich. Die Querung des spaltenfreien Chessjengletschers ist ungefährlich. Es ist eine Höhendifferenz von 500 m zu überwinden.

HÜTTE/EINKEHR
Restaurant bei der Bergstation Plattjenbahn. Britanniahütte, 3030 m (SAC-Hütte, von März bis Ende September bewirtschaftet, 134 Lager; Tel. 00 41/27/9 57 22 88).

KARTE
Blatt 284 Mischabel, 1:50 000 (Landeskarte der Schweiz) oder Wanderkarte Saastal, 1:25 000 (Kümmerly+Frey)

Schweizer Clubhütten sind meist schwer erreichbare Stützpunkte für alpine Bergbesteigungen. Als einer der wenigen moderaten Anstiege führt diese klassische Schweizer Hüttenwanderung mitten in die Walliser Gletscherwelt. Trotz der starken Begehung ist dieser Clubhüttenanstieg auf einem hochalpinen Steig gewiss kein Hüttenweg wie in den Ostalpen. Wer jedoch durch die Felsabstürze und Hochkare am Egginerkamm in die Gletscherlandschaft um die Britanniahütte marschiert und trittfest ist, erlebt auf dieser Tour ein typisches Stück des Walliser Hochgebirges.

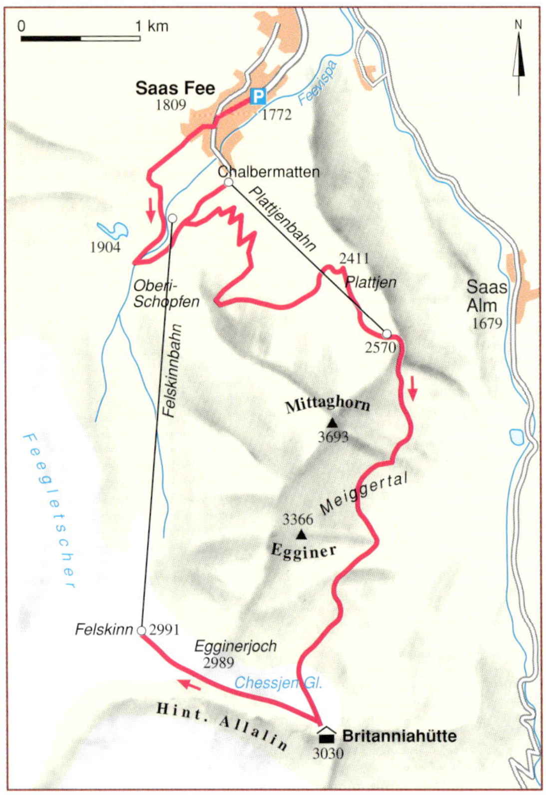

Wer mag, kann mit der neuen Großkabinenbahn zur Britanniahütte auf das Felskinn hinauffahren. Die Anschlußfahrt im Berg mit der Metro alpin, eine Einkehr im Drehrestaurant auf Mittelallalin sowie einen Besuch der Schauhöhle im Gletscherbauch wird man als eigenes Tagesprogramm absolvieren.
Die klassische Wanderroute zur Britanniahütte führt von der Bergstation der Gondelbahn Plattjen um den Egginerkamm herum mit der Talfahrt vom Felskinn zurück nach Saas-Fee. Freilich muss man für diesen Steig schon Freude am Alpinwandern mitbringen; weniger gute Wegstücke mit ungehemmtem Blick in die Tiefe sollte man nicht scheuen. Von der Endstation des PTT-Busses geht es in Saas Fee am Freizeitzentrum Bielen vorbei und auf der großen Brücke über die Schlucht der Feevispa talein zur Plattjen-Gondelbahn. Von der Aussichtsterrasse vor der Restaurant-Baracke der Bergstation läßt sich gemütlich die gewaltige Mischabelgruppe wie auch das Weißmiesmassiv studieren. Gleich hinter der Baracke versteckt sich auch schon die erste, etwas ausgebleichte Hinweistafel des geologischen Lehrpfads, der die Höhenroute begleitet. Hier, auf einer Hangstufe mit Felsbuckeln, fängt der Rundweg um den Egginer ganz harmlos an. Ein Stück weit geht es gut gebahnt durch die Blockhalde, die sich an die Wand des Mittaghorns anlehnt. Ums Eck, nach der Pyramide mit dem Schweizer Fähnchen aus Metall, tut sich der Tiefblick zum Furggtälli und auf den Mattmarksee auf. Nach dem Blockwerk zieht der Steig dann luftig durch die Rasenabsätze der Wandflüe und quert nach steilen Runsen das Meiggertal hinauf zum Heidenfriedhof. Die offiziellen Wanderweginfos umschreiben die Wegsituation mit dem Hinweis: Leicht gefährliche Stellen. Über den harmlosen Chessjengletscher führt schließlich die eingetretene Spur zur Britanniahütte (3030 m), einer gut bewirtschafteten Clubhütte des SAC mit viel

Der mehrstöckige Natursteinbau der Britanniahütte liegt in einer flachen Einsenkung am Grat, der sich vom Allalinhorn zum Hinterallalin herabzieht. Die Hütte gehört, da sie leicht erreichbar ist, zu den meistbesuchten Hütten in den Schweizer Alpen. Ein kürzlich erfolgter Umbau hat ihr Erscheinungsbild allerdings etwas verändert.

Wanderer auf dem Weg von Saas Fee zur Britanniahütte.

Betrieb. Schon in aller Herrgottsfrühe brechen von hier viele Alpinisten zu den Viertausendern Strahlhorn oder Rimpfischhorn auf.
Als schnell und leicht erreichbarer Hüttenberg erweitert Klein-Allalin auch für Wanderer die Aussicht. Der Hüttenabstieg vollzieht sich auf dem flacheren Teil des Chessjengletschers zur Bergstation der Felskinnbahn. Wenn man dieses Stück am Nachmittag begeht, wenn der Firn aufgeweicht ist, kann das freilich etwas mühsam sein.
Als Abschluss der Britanniarunde schwebt man vom Felskinn (2991 m) bequem ins Tal hinunter und lässt dabei aus der Vogelschau den Gletscherzirkus von Saas Fee an sich vorbeiziehen.

50

CAPANNA CORNO GRIES

Hüttentour mit Gletschereinlage

HÖCHSTER PUNKT
Capanna Corno Gries, 2338 m (Passo del Corno, 2485 m bzw. alte Nufenenpasshöhe, 2440 m).

ANFAHRT
Mit dem Auto: Durch den Gotthardtunnel nach Airolo, dann rechts ins Bedrettotal in Richtung Nufenenpass; beim Punkt 2003 an der Passstraße in Höhe der Alpe di Cruina Ausgangspunkt bzw. Parkmöglichkeit.
Mit Bahn und Bus: Auf der Gotthardlinie bis Airolo, weiter mit dem PTT-Bus bis zur Haltestelle Alpe di Cruina.

ZEITDAUER
Alpe di Cruina–Cap. Corno Gries 1 Std., Abstecher zum Passo del Corno 1¼ Std., Abstieg ins Tal vom Passo del Corno 1½ Std.; insgesamt 3½ Std. Variante: Die Umrundung des Nufenenstocks und die Rückkehr auf dieser Strecke zum Ausgangspunkt erfordert 2 Std. Gehzeit mehr, also insgesamt 5½ Std.

ANFORDERUNGEN
Steiler, aber gut begehbarer Hüttenweg. Zum Passo del Corno leicht ansteigend. Auch im späten Frühjahr muss man mit Schnee rechnen. Variante: Abstieg zur alten Nufenenpassstraße und zum Ausgangspunkt auf Bergsteig bzw. Schotterstraße.

HÜTTE/EINKEHR
Cap. Corno Gries, 2338 m (SAC-Hütte, von Anfang Juli bis Ende September, dann an schönen Wochenenden bewirtschaftet, 72 Lager; Tel. 00 41/91/8 69 11 29). Albergo Stella Alpina in Ronco im Bedrettotal.

KARTE
Blatt 265 Nufenenpass, 1:50 000 (Landeskarte der Schweiz)

Am Nufenenpass, dem mit 2478 Meter höchsten innerschweizerischen Passübergang, entspringt der Ticino, der dem Kanton seinen Namen gab. Versteckt hinter den nördlichen Randbergen der Tessiner Alpen liegt der mächtige Griesgletscher, der zwar zu den Walliser Alpen zählt, bevorzugt aber von der Tessiner Seite aus besucht wird. Eine freundlich geführte SAC-Hütte liegt am Weg, die trotz der relativ kurzen Tour als Stützpunkt zu empfehlen ist.

Von der Alpe di Cruina (2003 m) folgt man dem markierten Hüttenweg, der nach Querung einer blumenreichen Almwiese eine steile Fortsetzung erfährt. In zahlreichen Serpentinen geht es hinauf über freies Gelände bis zur Alpe Corno (2205 m). Hier kann man etwas verschnaufen und frisches Wasser aus dem Brunnen trinken. In der nächsten Umgebung der Alpe hat eine Murmeltierfamilie ihr Domizil bezogen.
Der Weiterweg von der Alpe ist ebenfalls steil, und er findet erst direkt bei der Capanna Corno Gries sein Ende. Sie liegt am Rand der Talstufe des Val Corno, das sich von hier bis hinauf zum Passo del Corno zieht, und ermöglicht einen freien Blick ins Bedrettotal und über die das Tal einrahmenden Bergmassive.
Von der Capanna zieht ein guter Steig weiter, der nur mäßig ansteigt. Er führt vorbei am Fuß des Nufenenstocks und dann zum Passo del Corno (2485 m) hinauf, dem höchsten Punkt der Route. Jenseits des Passes, der sowohl den Übergang ins Ägenetal als auch die Kantonsgrenze markiert, sieht man den künstlichen Griessee liegen mit dem sich dahinter mächtig aufbauenden Griesgletscher. Falls man den steinigen Weg, der zur Gletscherzunge führt, nicht zurücklegen will, kann man an dieser Stelle umkehren und zurück ins Tal steigen.

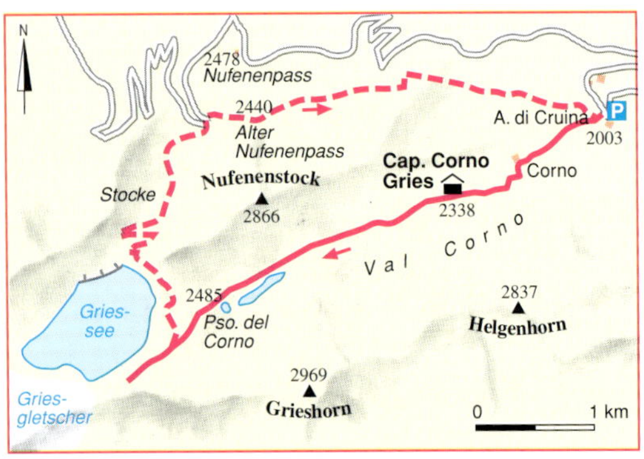

VARIANTE

Der Ausflug zur Capanna Corno Gries lässt sich zu einer schönen Rundtour verbinden, auf der man den Nufenenstock umrundet und die alte Nufenenpasshöhe auf einem historischen Saumweg überschreitet. Vom Passo del Corno (2485 m) geht es über Almmähder hinab zum Griessee, dort rechts vor bis in Höhe der Staumauer. Am Horizont entfaltet sich das gewaltige Bergpanorama der Berner Alpen, und im Vordergrund sieht man die Nufenenpassstraße, die sich in zahlreichen Windungen ins Wallis hinabzieht.
Bei der Staumauer stößt man auf eine Werkstraße, der man bis zur Passstraße folgt. Wo diese einmündet, befindet sich auch eine Bushaltestelle.

Die Capanna Corno Gries gehört sicherlich nicht zu den spektakulären Hütten in den Alpen. Doch sie hat einige positive Seiten aufzuweisen: einen kurzen Anstiegsweg, freundliche Wirtsleute, einen herrlichen Blick über das Bedrettotal und nicht zuletzt einen gewaltigen Gletscher in Wandernähe.

Markierungen leiten den Bergwanderer.

Wir nehmen aber rechts den Weg, der steil hinauf zur alten Nufenenpasshöhe führt. Sie ist mit einer Höhe von 2440 Metern etwas niedriger als der neue Übergang. Nachdem wir die Passhöhe erreicht haben, überschreiten wir die recht karge kleine Hochfläche weiter in östlicher Richtung. Und bald öffnet sich vor uns das Bedrettotal. Von hier wandern wir dann schließlich über zahlreiche Serpentinen hinab zu unserem Ausgangspunkt bei der Alpe di Cruina.

DER LOWA-TIP!

Bei der Anfahrt ins Tessin sollte man nicht den schnellsten Weg wählen. Zwar bedeutet die Fahrt durch den Gotthardtunnel Zeitersparnis, doch kann man bei einem Abstecher in die Tessiner Alpen die Landschaft genießen, denn die Strecke über den Gotthardpass ist ein besonderes Erlebnis. Außerdem kann man bei einem Besuch im Gotthardmuseum auf der Passhöhe die Geschichte der Säumerzeit Revue passieren lassen.

Informationen zum Gotthardmuseum:
Tel. 00 41/91/8 69 15 25

Hütten und bewirtschaftete Almen

Alpgschwänd, 1216 m (privates Berggasthaus, ganzjährig bewirtschaftet, 8 Betten, 22 Lager; Tel. 00 41/41/3 20 14 14); Tour 20

Anton-Karg-Haus, 851 m (AV-Hütte, von Anfang Mai bis Ende Oktober bewirtschaftet, 30 Betten, 75 Lager; Tel. 00 43/53 72/6 25 78); Tour 43

Arzler Alm, 1067 m (private Almwirtschaft, im Sommer durchgehend, im Frühjahr und im Herbst nur an den Wochenenden bewirtschaftet); Tour 32

Augsburger Hütte, 2289 m (AV-Hütte, von Anfang Juli bis Ende September bewirtschaftet, 67 Lager, 10 Notlager; Tel. 00 43/54 42/6 36 04); Tour 15

Austriahütte, 1630 m (AV-Hütte, von Mai bis Oktober voll bewirtschaftet, Weihnachten bis Ostern einfach, 26 Betten, 29 Lager; Tel. 00 43/36 87/8 15 22); Tour 41

Bärgunthütte, 1391 m (private Almwirtschaft, von Pfingsten bis Ende Oktober bewirtschaftet); Tour 14

Berliner Hütte, 2040 m (AV-Hütte, von Mitte Juni bis Ende September bewirtschaftet, 76 Betten, 89 Lager, 17 Notlager; Tel. 00 43/52 86/52 23); Tour 45

Britanniahütte, 3030 m (SAC, März bis Ende September bewirtschaftet, 134 Lager; Tel. 0041/27/9 57 22 88); Tour 49

Capanna Corno Gries, 2338 m (SAC, von Anfang Juli bis Ende September bewirtschaftet, 72 Lager; Tel. 00 41/91/8 69 11 29); Tour 50

Coazhütte, 2610 m (SAC, von Ende Juni bis Ende September bewartet, 80 Lager; Tel. 00 41/81/8 42 62 78); Tour 48

Daffnerwaldalm, ca. 1050 m (privat, von Ende Mai bis Ende September bewirtschaftet, 20 Lager; Tel. 0 171/4 21 53 10); Tour 7

Dalfazalm-Hochleger, 1692 m (private Almwirtschaft, von Mitte Juni bis Oktober bew., 30 Lager; Tel. 00 43/52 43/52 24); Tour 9

Edmund-Probst-Haus, 1925 m (AV-Hütte, ca. 20. Dezember bis nach Ostern und von Ende Mai bis Anfang Oktober bewirtschaftet, 43 Betten, 82 Lager; Tel. 0 83 22/47 95); Tour 28

Eduard-Pichl-Hütte, 1960 m (AV-Hütte, von Mitte Juni bis Anfang Oktober bewirtschaftet, 19 Betten, 36 Lager; Tel. Tal: 00 43/47 19/2 44); Tour 40

Erfurter Hütte, 1831 m (AV-Hütte, eine Woche vor Pfingsten bis Mitte Oktober bewirtschaftet, 16 Betten, 50 Lager; Tel. 00 43/52 43/55 17); Tour 9

Freiburger Hütte, 1918 m (AV-Hütte, von Mitte Juni bis Anfang Oktober bewirtschaftet, 40 Betten, 100 Lager; Tel. 00 43/55 56/7 35 40); Tour 33

Gasthaus Alpenrose, 1875 m (privat, von Anfang Juni bis Ende September bewirtschaftet, 60 Betten, 30 Lager; Tel. 00 43/52 86/52 22); Tour 45

Gasthof Bodenalpe, 1842 m (privat, nahezu ganzjährig bewirtschaftet, 50 Betten, 25 Lager; Tel. 00 43/54 44/52 85); Tour 44

Gasthaus Bollenwees, 1520 m (privat, von Juni bis Oktober bew., Übernachtungsmöglichkeit; Tel. 00 41/71/7 99 11 70); Tour 18

Gasthaus Stauberen, 1750 m (privat, von Juni bis Oktober bewirtschaftet, Übernachtung; Tel. 00 41/71/7 99 11 77); Tour 18

Gasthof Plattenbödeli, 1279 m (privat, von Juni bis Oktober bew., Übernachtung; Tel. 00 41/71/7 99 11 52); Tour 18

Giebelhaus, 1063 m (privat, ganzjährig bewirtschaftet, keine Übernachtungsmöglichkeit; Tel. 0 83 24/81 46); Tour 34

Gmundner Hütte, 1661 m (AV-Hütte, von Anfang Juli bis Ende September bew., im Mai, Juni und Oktober nur an den Wochenenden und Feiertagen, 2 Betten, 48 Lager; Tel. 00 43/6 63/9 17 61 68); Tour 26

Göppinger Hütte, 2245 m (AV-Hütte, von Mitte Juni bis Anfang Oktober bew., 21 Betten, 45 Lager, 6 Notlager; Tel. 00 43/55 83/35 40); Tour 33

Grawandhaus, 1640 m (privat, von Mitte Juni bis Anfang Oktober bew., 25 Betten, 10 Lager; Tel. 00 43/52 86/52 13); Tour 45

Hallerangeralm, 1774 m (privat, von Juni bis Ende September bew., 73 Betten; Tel. 00 43/52 13/52 77); Tour 10

Hallerangerhaus, 1768 m (AV-Hütte, Juni bis Mitte Oktober bewirtschaftet, 26 Betten, 70 Lager; Tel. 00 43/52 13/53 26); Tour 10

Hannoverhaus, 2722 m (AV-Hütte, von Anfang Juli bis Ende September bew., 35 Betten, 35 Lager, 10 Notlager; Tel. 00 43/6 63/84 08 52); Tour 3

Heidelberger Hütte, 2264 m (AV-Hütte, von Anfang Juli bis Anfang Oktober bzw. auch während der Skitourensaison bew., 72 Betten, 84 Lager; Tel. 00 43/54 44/54 18); Tour 44

Heinrich-Heß-Hütte, 1591 m (AV-Hütte, von Ende Mai bis Ende Oktober bew., 45 Betten, 90 Lager; Tel. 00 43/6 63/3 98 88); Tour 2

Hintere Gemstelhütte, 1320 m (privat, von Pfingsten bis Ende Oktober bew.); Tour 14

Hirschalpe, 1493 m (privat, ganzjährig bew., außer im November, April und den ersten Wochentagen im Mai, kein Ruhetag); Tour 14

Hochalm, 1330 m (private Jausenstation, von Juni bis Oktober bewirtschaftet, während der Skitourensaison an Wochenenden); Tour 6

Hohenzollernhaus, 2123 m (AV-Hütte, von Ende Juni bis Mitte September bewirtschaftet, 6 Betten, 40 Lager, 15 Notlager; Tel. 00 43/66 3/9 15 99 88); Tour 47

Hotel Pilatus-Kulm, 2070 m (privat, ganzjährig bewirtschaftet, 80 Betten; Tel. 00 41/41/6 30 15 55); Tour 20

Innsbrucker Hütte, 2370 m (AV-Hütte, von Ende Juni bis Ende September bewirtschaftet, 40 Betten, 100 Lager, 20 Notlager; Tel. 00 43/52 76/2 95); Tour 15

Kenzenhütte, 1285 m (privat, von Ostern bis Mitte Oktober bewirtschaftet, 60 Betten; Tel. 0 83 68/3 90); Tour 13

Königsalm, 1114 m (privat, während der Almsaison einfach bewirtschaftet, Dienstag Ruhetag, keine Übernachtungsmöglichkeit); Tour 22

Kreuzeckhaus, 1652 m (AV-Hütte, nahezu ganzjährig bewirtschaftet, 58 Betten, 43 Lager; Tel. 0 88 21/22 02); Tour 27

Kührointalm, 1420 m (privat, 16 Lager, von Ende Mai bis Mitte Oktober bew.; Tel. mobil 0 171 3/53 33 69); Tour 5

Lasörlinghütte, 2350 m (privat, von Mitte Mai bis Mitte Oktober bew., 40 Betten, 25 Lager; Ermäßigung für AV-Mitglieder; Tel. Tal 00 43/6 64/3 12 62 72, Tel. Hütte 00 43/6 63/9 75 88 99; bei Voranmeldung Gepäcktransport möglich); Tour 4

Meilerhütte, 2366 m (AV-Hütte, von Mitte Juni bis Anfang Oktober bewirtschaftet, 70 Lager, 40 Notlager; Tel. 01 71/5 22 78 97); Tour 11

Nassfeldhaus, 1528 m (AV-Hütte, Mitte Juni bis Ende September und in der Skitourensaison bewirtschaftet, 18 Betten, 100 Lager; Tel. 00 43/42 85/82 76); Tour 1

Obere Widdersteinhütte, 2009 m (privat, von Anfang Juni bis Ende September bewirtschaftet, 30 Lager; Tel. 00 43/6 63/05 13 59); Tour 14

Osnabrücker Hütte, 2022 m (AV-Hütte, von Anfang Juli bis Ende September bewirtschaftet, 31 Betten, 34 Lager; Tel. Hütte: 00 43/6 63/9 74 87 03); Tour 3

Pravierthütte, 2121 m (Club Alpino Italiano, Selbstversorgerhütte, ganzjährig geöffnet, 5 Lager); Tour 17

Prinz-Luitpold-Haus, 1846 m (AV-Hütte, von Anfang Juni bis Mitte Oktober bewirtschaftet, 30 Betten, 142 Lager, 79 Notlager; Tel. 0 171/6 23 34 17); Tour 34

Ravensburger Hütte, 1947 m (AV-Hütte, von Mitte Juni bis Anfang Oktober bewirtschaftet, 20 Betten, 85 Lager, 10 Notlager; Tel. 00 43/55 85/75 56); Tour 33

Rifugio Gianetti, 2534 m (Club Alpino Italiano, von Ende Juni bis Ende September bewirtschaftet, 90 Lager; Tel 00 39/03 42/64 52 52); Tour 35

Rifugio Allievi-Bonacossa, 2385 m (Club Alpino Italiano, von Mitte Juni bis Ende September bewirtschaftet, 130 Schlafplätze; Tel. 00 39/03 42/61 42 00); Tour 35

Rifugio Ponti, 2559 m (Club Alpino Italiano, von Mitte Juni bis Ende September bewirtschaftet, 50 Schlafplätze; Tel. 00 39/03 42/64 08 60); Tour 35

Rudnigalm, 1621 m (privat, im Sommer und während der Skisaison bew.); Tour 1

Schachenhaus, 1866 m (privat, von Anfang Juni bis Mitte Oktober bew., 18 Betten, 70 Lager; Tel. 0 88 21/29 96); Tour 11

Schlicker Alm, 1616 m (privates Berggasthaus, ganzjährig bewirtschaftet, 53 Betten; Tel. 00 43/52 25/6 24 09); Tour 30

Schmidt-Zabierow-Hütte, 1966 m (AV-Hütte, von Anfang Juli bis Ende September bewirtschaftet, 11 Betten, 56 Lager; Tel. 00 43/65 88/72 84); Tour 31

Siebenhüttenalm, 836 m (privat, von Mai bis Oktober bewirtschaftet, Dienstag Ruhetag); Tour 22

St. Martin, 1028 m (privates Berggasthaus, ganzjährig bewirtschaftet, Dienstag Ruhetag; Tel. 0 88 21/49 70); Tour 12

Stepbergalm, 1583 m (privat, während der Weidesaison bewirtschaft); Tour 12

Stöhrhaus, 1894 m (AV-Hütte, von Ende Mai bis Mitte Oktober bewirtschaftet, 16 Betten, 66 Lager, 15 Winterlager; Tel. 0 86 52/72 33); Tour 42

Stripsenjochhaus, 1577 m (AV-Hütte, von Mitte Mai bis Mitte Oktober bewirtschaftet, 50 Betten, 130 Lager; Tel. 00 43/53 72/6 25 79); Tour 43

Thaurer Alm, 1464 m (private Almwirtschaft, im Sommer voll bewirtschaftet, im Herbst an Wochenenden, 10 Lager); Tour 23

Tegernseer Hütte, 1650 m (AV-Hütte, von Mitte Mai bis Mitte Oktober bew., 30 Lager; Tel. 01 61/1 83 63 81); Tour 8

Traunsteinhaus, 1580 m (TVN-Hütte, von Ostern bis Ende Oktober an Wochenenden ab Freitagnachmittag bewirtschaftet, 10 Betten, 60 Lager; Tel. 00 43/76 12/6 50 10, mobil: 00 43/6 76/4 13 99 52); Tour 26

Tressdorfer Alm, 1585 m, (ganzjährig bewirtschaftet, 30 Betten); Tour 1

Vintlalm, 1556 m (private Jausenstation, im Sommer bewirtschaftet); Tour 23

Watzmannhaus, 1928 m (AV-Hütte, von Anfang Juni bis Anfang Oktober bewirtschaftet, 45 Betten, 130 Lager, 25 Notlager; Tel. 0 86 52/96 42 22); Tour 5

Willersalp, 1456 m (privat, von Anfang Mai bis Ende September bewirtschaftet, 60 Lager; Tel. 0 171/9 93 98 47); Tour 34

Winnebachseehütte, 2372 m (AV-Hütte, Anfang Juli bis Ende September sowie zur Skitourensaison bewirtschaftet, 8 Betten, 33 Lager, 12 Notlager; Tel. 00 43/52 53/51 97); Tour 46

Tourenübersicht

Unter den in drei Schwierigkeitsgrade eingeteilten Touren ist für jeden Anspruch und für jedes Können die richtige dabei. Sie müssen sich nur selbst entsprechend einschätzen können.

LEICHT

Wander- und Bergwege; die Routen sind in der Regel gut markiert bzw. ausgeschildert; manche Touren können das ganze Jahr über unternommen werden.

6 Sonntagshorn
7 Heuberg
18 Hoher Kasten
19 Eggishorn
20 Pilatus
21 Bindalm
22 Königsalm
23 Thaurer Alm
24 Hirschalpe
25 Grevasalvas
36 Tscheppaschlucht
37 Almbachklamm
38 Partnachklamm
39 Breitachklamm
40 Eduard-Pichl-Hütte
41 Austriahütte
42 Stöhrhaus
43 Stripsenjochhaus
44 Heidelberger Hütte
45 Berliner Hütte
46 Winnebachseehütte
47 Hohenzollernhaus
50 Capanna Corno Gries

MITTEL

Wanderrouten mit zum Teil steilen Wegpassagen; einige ausgesetzte, aber gesicherte Stellen möglich; Trittsicherheit und Schwindelfreiheit erforderlich.

4 Lasörling
5 Watzmann
8 Ross- und Buchstein
9 Hochiss
10 Speckkarspitze
12 Kramer
13 Hochplatte
14 Großer Widderstein
15 Parseierspitze
16 Habicht
17 Piz Sesvenna
26 Hans-Hernler-Steig
31 Nurracher Höhenweg
32 Goetheweg
33 Zu den Quellen des Lechs
34 Jubiläumsweg
48 Coazhütte
49 Britanniahütte

ANSPRUCHSVOLL

Steile, oft schmale und ausgesetzte Bergpfade mit gesicherten Stellen; neben Trittsicherheit und Schwindelfreiheit ist Bergerfahrung notwendig; auch Klettersteige mit extrem ausgesetzten Stellen; Touren nicht allein unternehmen!

1 Trogkofel
2 Planspitze
3 Ankogel
11 Partenkirchener Dreitorspitze
27 Alpspitze
28 Hindelanger Klettersteig
29 Arlberger Klettersteig
30 Schlicker Klettersteig
35 Sentiero Roma

Bildnachweis (Seiten):
Antes & Antes: S. 6 l., 35, 37 r., 119 l., 127 r.; W. Bahnmüller: S. 19 l.; H. Bauregger: S. 39 r., 83 r., 85 r., 107 l. und r., 109 r., 137; A. Dick: S. 69 r., 123 r.; W. Fischer: Titelfoto, Einbandrückseite, S. 6 r., 37 l., 49, 73 r., 81 r.; D. Fuchs: S. 4, 6 l., 7 l. o., 7 r. o., 7 u., 8 o. l., 8 o. r., 9 o., 10, 11 u., 12/13, 13 r., 15 l., 21 r., 29 l., 31 l. und r., 33 l. und r., 41 l. und r., 43 r., 51 l. und r., 57 r., 63 r., 68/69, 77 r., 83 l., 84, 96, 97 r., 104/105, 117 l. und r.; S. Garnweidner: S. 23 l., 27 l. und r., 29 r., 39 l., 85 l., 114/115, 115 r.; P. Grimm: S. 53 r.; H. Heller: S. 17 r.; S. Herbke: S. 111 l., 125 r.; G. Hirtlreiter: S. 63 l., 87 l., 89 r., 90, 91 l. und r., 92, 93 l. und r., 113 r., 129 l. und r.; E. Höhne: S. 17 l., 43 l., 45 l., 53 l., 55 l. und r., 56/57, 135 l.; G. Kürzinger: 109 l.; G. Laudahn: S. 65 l.; M. Oberndörfer: S. 79 l., 99 l. und r., 100, 101 l. und r., 102, 103 l. und r., 131 l. und r.; K. Puntschuh: S. 8 u., 19 r., 65 r., 73 l., 87 r., 95 r., 105 r.; E. Radehose: S. 25 r.; W. Rauschel: S. 23 r., 25 l., 75 l. und r., 111 r., 113 l., 121 l. und r., 123 l., 133 l. und r., 135 r.; Chr. Schneeweiss: S. 119 r.; D. Seibert: S. 47 l. und r., 77 l., 89 l., 95 l., 97 l., 125 l.; Chr. Strub: S. 9 u.; M. Waeber: S. 24; Werbeagentur Felder: S. 11 o. r. (2); P. Werner: S. 15 r., 59 l. und r., 67 l. und r., 71, 79 r.; Fam. Wurnitsch: S. 21 l.; F. Zengerle: S. 45 r., 61, 127 l., 80/81.

Titelbild:
Das Dreigestirn von Garmisch-Partenkirchen – Alpspitze, Zugspitze und die Waxensteine.

Einbandrückseite:
Die Engalm im Karwendelgebirge ist besonders im Herbst ein beliebtes Ausflugsziel.

Haftung
Autor und Verlag bemühen sich um zuverlässige Information. Fehler und Unstimmigkeiten sind jedoch nicht auszuschließen. Eine Garantie für die Richtigkeit der Angaben kann deshalb nicht gegeben werden. Eine Haftung für Schäden und Unfälle wird aus keinem Rechtsgrund übernommen.

Anmerkung der Redaktion
Diesem Buch liegt die im Juli 1996 in Wien beschlossene und ab 1.8.1998 verbindliche Neuregelung der deutschen Rechtschreibung zu Grunde.

Impressum

Der Südwest Verlag ist ein Unternehmen der Econ Ullstein List Verlag GmbH & Co. KG München.
5., verbesserte Auflage 2001

Redaktion: Barbara Zander
DTP-Produktion: satz & repro Grieb, München
Umschlaggestaltung: Till Eiden
Layoutgestaltung: Manuela Hutschenreiter, München
Kartographie: Achim Norweg, Eckehard Radehose
Produktion: Manfred Metzger

Gedruckt in Slowenien

ISBN 3-517-01850-3

Register

N
Ulm
Augsburg
D E U T S C H L A N D
Donau
Landsberg
Villingen-
Schwenningen
Memmingen
Freiburg
Kaufbeuren
Ravensburg
Kempten
Schaffhausen
Konstanz
Bodensee
Wertach
Füssen
13
Lindau
24
Sonthofen
Reutte
Rhein
Fischen
Hindelang
Bregenz
28
Oberstdorf
Lermoos
Basel
Winterthur
St. Gallen
Alberschwende
39
34
Elmen
Lechtaler Alpen
14
Allgäuer Alpen
Imst
Zürich
Appenzeller Berge
Zürichsee
18
Lech
29
15
33
St. Anton
Pians
Landeck
Bludenz
Churfirsten
Walensee
Liechtenstein
Schruns
Verwall
Ischgl
Glarus
Ötztaler
47
Luzern
Schwyz
44
Nauders
Entlebuch
Emmentaler Alpen
20
Silvretta
Piz Buin
3312
Reschenpass
Bern
Rhein
Vierwaldstätter See
Chur
Altdorf
Klausenpass
Ses-venna-gruppe
17
S C H W E I Z
Davos
Susch
Amsteg
Sustenpass
Bündner Alpen
Spondinig
Interlaken
Innertkirchen
Wassen
Tiefencastel
La Punt
Furkapaß
Andermatt
Engadin
Splügen
St. Moritz
Stilfser Joch
St.-Gotthard-Pass
Silvaplana
Bórmio
Grimselpass
Gletsch
Airolo
Ortler
S. Bernardino
Splügenpass
Ulrichen
Berner Alpen
Malojapass
25
48
4049
Piz Bernina
Nufenenpaß
50
35
Ponte di Legno
19
Chiavenna
Bergell
Madonna di Campiglio
Rhône
Brig
Tessiner Alpen
Locarno
Bellinzona
Tione
Lago di Como
Walliser Alpen
Lugano
49
Matterhorn
4478
4634
Monte Rosa
Lago Maggiore
Lago d'Iseo
Lago di Garda
Como
Bergamo
Aosta
Valle d'Aosta
Brescia
Milano